本书为国家社会科学基金（10CJY033）
浙江财经大学应用经济学研究基地
东北财经大学产业经济学特色重点学科资助

创新驱动、转型升级与
中国装备制造业发展
——经济新常态的视角

邵 慰 著 ●————

中国社会科学出版社

图书在版编目（CIP）数据

创新驱动、转型升级与中国装备制造业发展：经济新常态的
视角/邵慰著 . —北京：中国社会科学出版社，2016.1
ISBN 978 - 7 - 5161 - 7671 - 9

Ⅰ. ①创…　Ⅱ. ①邵…　Ⅲ. ①制造工业—技术革新—研究—
中国 ②制造工业—转型经济—研究—中国 ③制造工业—产业
结构升级—研究—中国　Ⅳ. ①F426.4

中国版本图书馆 CIP 数据核字（2016）第 037664 号

出 版 人	赵剑英	
责任编辑	卢小生	
特约编辑	林　木	
责任校对	周晓东	
责任印制	王　超	
出　　版	中国社会科学出版社	
社　　址	北京鼓楼西大街甲 158 号	
邮　　编	100720	
网　　址	http://www.csspw.cn	
发 行 部	010 - 84083685	
门 市 部	010 - 84029450	
经　　销	新华书店及其他书店	
印刷装订	三河市君旺印务有限公司	
版　　次	2016 年 1 月第 1 版	
印　　次	2016 年 1 月第 1 次印刷	
开　　本	710×1000　1/16	
印　　张	12	
插　　页	2	
字　　数	209 千字	
定　　价	48.00 元	

目　　录

第一章 导论

第一节 民族复兴的"大国重器"

工业是国之基础，装备制造可谓国之脊梁。装备制造业是大国之重器，只有工业装备强，才有国家真正的强盛。研发、设计、制造出装备制造领域的"大国重器"，中华民族的复兴才有坚实的基础，中华民族的复兴才有牢靠的载体。

装备制造业是为国民经济和国防建设提供各类技术装备的各制造业的总称。根据我国的统计分类，装备制造业包括金属制品业、通用机械制造业、专用设备制造业、交通运输设备制造业、电气机械及器材制造业、通信设备计算机及其他电子设备制造业、仪器仪表文化办公用机械制造业七大类。装备制造业是基础性、战略性产业，体现了一个国家的综合国力、科技实力和国际竞争力。中国装备制造业竞争力问题一直是经济学界研究的重点。然而，经济学理论一直饱受不能清晰阐明其假设之苦。经济学家在构建理论时，经常忽略考察其建立的基础。而这种考察有时是不可或缺的，不仅为防止因缺乏理论依据的假设而产生的误解和无谓争论，还因为经济学在选择相互竞争的各组假设时做出良好判断极其重要。① 在对中国装备制造业竞争力的研究中，学者们忽略了制度安排对于经济绩效的重要影响，或者干脆将理论研究的前提假设设定为制度是无摩擦的，在论述与制度有关的问题时直接一笔带过，习惯性地按照新古典经济学的方法将企业描述成一个"黑箱"。因此，无论他们在论证的过程中怎么努力，所研

---

① ［美］奥利弗·E. 威廉姆森、西德尼·G. 温特：《企业的性质——起源、演变和发展》，姚海鑫、邢源源译，商务印书馆2007年版，第23—40页。

究出的结果对现实的解释力总是苍白无力的。在中国装备制造业中，国有企业占很大比重，所以，政府在企业决策中影响力非常大。作为重要决策部门的政府，很多计划或决策都是建立在忽略支配交换过程制度安排的基础上，可以想象出这样的决策对于企业效率的影响。短期而言，降低了企业的核心竞争力；长期而言，将使中国这一最重要的产业彻底退出竞争行列。

国家非常重视装备制造业的发展，近年来密集出台了一系列利好装备制造业振兴的文件和政策：2006 年发布了《国务院关于加快振兴装备制造业的若干意见》（国发〔2006〕8 号）。2008 年，世界范围内全面爆发了金融危机，国家在 2009 年 2 月紧急颁布了《装备制造业产业振兴规划》。同时，我国目前正处于扩大内需、加快基础设施建设和产业转型升级的关键时期，市场对先进装备有着巨大需求；金融危机加快了世界产业格局的调整，为我国提供了参与产业再分工的机遇，装备制造业发展的基本面没有改变，必须采取有效措施，抓住机遇，加快产业结构调整，推动产业优化升级，加强技术创新，促进装备制造业持续稳定发展。随着中国经济进入新常态，2015 年 7 月，国务院发布《中国制造 2025》战略规划之后，打造高端装备制造业的一流的国家队是我国制造业。因此，重新审视我们研究的前提假设，并在此基础上对中国装备制造业竞争力进行研究，无疑具有重要的理论价值和实践意义。

一　制度约束已成为中国装备制造业发展的"瓶颈"

人类的相互交往，包括经济生活中的相互交往，都依赖某种信任。信任以一种秩序为基础，要维护这种秩序就要依靠各种禁止不可预见行为和机会主义行为的规则，我们称这些规则为"制度"。制度既是社会长期磨合的结果，也是人们有意识创立的规则，它能有效抑制人们可能产生的机会主义行为，并由此成为一种引导人们行动的手段。因此制度使他人的行为变得更可预见。[①] 诺斯指出，制度是一个社会的游戏规则，或更规范地说，它们是为决定人们的相互关系而人为设定的一些制约，包括"正规约束"（例如规章和法律）和"非正规约束"（例如习惯、行为准则、伦理规范），以及这些约束的"实施特性"。[②] 正式制度和非正式制度同时对

---

① 李怀、邵慰：《高校科研人员激励制度的层级理论分析》，《中国科技论坛》2009 年第 7 期。

② ［德］柯武钢、史漫飞：《制度经济学》，韩朝华译，商务印书馆 2004 年版，第 35 页。

经济绩效产生巨大影响。但人们提到激励制度时，往往更多地注意正式制度对激励的作用，而易忽视非正式制度的作用。在中国装备制造业竞争力提升约束中，既有某些社会成员有组织的社会行为，如产权结构、企业代理问题与激励设计、人力资本产权制度等；也有以习惯、习俗和内在规则等形式出现的非正式制度，如企业文化、社会认识等。以产权结构为例，中国装备制造业企业以国有企业为绝大部分，虽然近几年民营企业得到了一些发展，但是国有企业的比重仍然非常大。装备制造业对于一个国家所具有的重要性，使得国有企业的存在成为一种必然。在那些事关国家经济命脉以及国家经济安全（产业安全）的领域，必须要保证国家对产业的控制权，为国有企业在装备制造业中的存在提供了较为充分的理由。然而，国有所有权垄断会降低行业竞争，造成产业的低效率，给社会的福利带来较大的损失，在这样的一种困境中，如何振兴装备制造业，成了难题。引入非国有所有制以及外资，会担心国有控制权流失问题；不引入多元的所有权形式，又会产生低效率问题。那么，如何权衡国有所有权、非国有所有权（民营及外资）之间的关系问题，就变得非常重要而且实际了。① 中国装备制造业的发展取决于类似产权制度这类正式制度的合理设计。另外，国有企业的人员冗余和不断膨胀永远是解决不了的问题。企业中吃大锅饭的思想和行为仍然非常普遍。优胜劣汰的用人机制因为在观念上仍然难以为大多数工人接受而成为理想中的状态。同时，国有企业的代理人没有转变观念，对国有企业政策、融资、土地等方面的呵护，让民营企业的成长更加困难。类似的问题，如果不能落实到制度层面，那么再多的口号式的号召都不会在市场上形成主流。包括正式制度和非正式制度的许多问题已经成为中国装备制造业的发展"瓶颈"。制度是重要的，因为它是经济增长的源泉，这不仅是新制度经济学的一个基本问题，其真实性也为我国改革开放发展的实践所证明。将这些存在的制度障碍加以解决不仅会从根本上解决中国装备制造业竞争力提升问题，也是我国强盛之本。

二 中国装备制造业的发展困境

长期以来，和其他中国制造业一样，中国装备制造业的比较优势在于成本低，而不在于技术领先。其产品无论是出口还是内销，都依赖于较低的价位和较好的技术。因为我们的尖端技术需要引进，目前美国等西方发

---

① 安玉兴等：《产权制度改革与振兴装备制造业》，《中国科技论坛》2007 年第 6 期。

达国家仍然对我国高科技的出口实行禁令，所以我们没有能够引进到最一流的技术。20 世纪 80 年代以来，我国政府开始实施"市场换技术"战略，希望通过让渡一些国内市场吸引外资以换取或学习先进技术，进而提升本土企业技术水平。然而，"市场换技术"战略并没有达到预期效果，目前以重大技术装备为代表的典型产业依然高度依赖进口，跨国公司投资的合资或独资企业在整个产业中占据越来越重要的地位，垄断势力业已形成。部分产品虽然实现了国内生产制造，但缺乏自主设计能力，核心技术仍掌握在外方手中。① 进入 2008 年下半年，全球爆发金融危机，使经济形势急转直下，中国装备制造业的出口急速下滑。新接订单量大幅缩水，长期发展压力很大。深层次的原因无非有两个：一是海外需求萎缩，我们价格优势不再是竞争的法宝；二是我们的技术不能在行业领先，舶来的技术未能消化再创新而做到青出于蓝而胜于蓝。

　　传统的制度概念一直被看作是政治学的"专利"，直到制度本身所包含的效率受到人们的特别关注时，这一概念才进入经济学家的视野。同任何事物的发展过程一样，制度本身也有一个产生、发展和完善以及不断面临被替代的过程。这个过程被称作"制度变迁"。制度变迁通常表现为两种形式：制度进化和制度变革。制度进化是指一项制度通过自身的修正和改良逐步走向优化的过程。② 金融危机爆发以来，经济形势发生急剧变化，所以，作为正式制度的供给方政府审时度势设计了一些制度。为了解决中国装备制造业技术长期受制于人的困境，国务院出台了一系列政策。制度设计的目的是在全球金融危机的总体形势下开展海外并购工作，以有利于我国企业通过合法手段引进先进的专利技术，提升产品的科技含量和竞争优势，增强企业的核心竞争力和占领国外市场，同时也有助于转变经济增长方式、推进产业结构调整和优化升级。然而，这样的制度供给并不能满足需求方对制度的需求，这样的结论也被结果所验证。并且因为该制度的变迁是人为设计的结果而不是由原有制度演进的，同时该制度将行政手段的推进代替市场的作用，带来的后果就是为了完成行政目标而夸大被引进方科研能力。花了大价钱，引进之后却不能形成经济效益的有效增

　　① 孙晓华、原毅军：《业主风险厌恶、自主创新的市场失灵与第三方介入——以中国重大装备制造业为例》，《研究与发展管理》2008 年第 12 期。

　　② 李怀：《制度生命周期与制度效率递减——一个从制度经济学文献中读出来的故事》，《管理世界》1999 年第 3 期。

长。从经济学的观点来看，如果市场上企业会通过这样的行为获利，那么这样的目标就会通过市场作用自发实现，而无须行政资源的参与。在正式制度领域，类似于这样的情况还有很多。政府官员为了政绩实现经济绩效大幅提高和经济增长，但是付出的努力与辛苦设计的制度却不被市场所接受。

在非正式制度领域同样存在着困境。非正式制度的变迁注定是缓慢的、渐进的。以企业文化、习惯、风俗等形式出现的非正式制度对经济绩效的重要影响是无须争论的。在新制度经济学家看来，制度变迁过程主要存在三种现象：时滞效应、路径依赖效应和连锁效应。[1] 这三种现象在非正式制度的变迁方面的表现就更加明显。在企业管理模式中，我国的一些装备制造业企业尝试过引进包括 JIM 的丰田管理模式，也尝试过引进美国的六西格玛管理模式，或者德国的一些管理模式，但是，同样的管理模式，在其他国家有效，在我们的企业就没有效果或者推进不下去。同时，任何目标公司对于"嫁给"其他文化的陌生人都是存在疑虑的。对于处在目前阶段的我国公司来说，这些挑战可能会超过他们的管理能力、文化理解和资源。除非引入外部顾问或快速做出重大的调整，这些挑战将可能造成重大的损失。

三　装备制造业发展凸显出竞争力不足问题

徐建平、夏国平通过对成本和效益、生产能力和产品技术水平、技术引进水平和研发投入、先进制造技术开发和应用能力、集成能力和产业集中度、市场占有率、人才和政策等方面的国际比较，较系统地阐述了我国装备制造业与工业发达国家之间的差距和发展对策。尽管近年来我国装备制造业企业的产品质量和可靠性有所提升，但与工业发达国家相比，总体产品质量在稳定性、可靠性等方面还有很大差距，竞争力还不够强。[2] 陈爱贞、刘志彪在分析我国装备制造业在全球价值链中地位演变基础上，借助投入产出分析发现，我国装备制造业各细分行业的中间投入层次比较低，虽然其中间投入结构中直接消耗资源和能源不多，但间接消耗资源和能源比较多，且依赖性有上升趋势；虽然其垂直分工程度呈上升趋势，但外泄效应比较显著，阻碍了国内价值链的延伸。这些影响我国装备制造业

---

[1]　袁庆明：《新制度经济学》，中国发展出版社 2005 年版，第 308 页。
[2]　徐建平、夏国平：《我国装备制造业的国际比较及对策研究》，《中国机械工程》2008 年第 10 期。

在全球价值链中地位的因素又由其地位所决定。恶性循环带来的生产模式"自我锁定"，造成了在全球价值链中的低端锁定效应。以外资为主力的"为出口而进口"的贸易模式增强了这种锁定效应。为突破这种"内生"及"链条关联"的影响，需要进行价值链创新。① 原毅军、耿殿贺在分析中国装备制造业技术研发效率影响因素基础上，利用随机前沿生产函数对装备制造业的研发效率进行了实证研究。实证结果表明，企业规模、产业结构、政府政策和企业研发经费支出结构是影响装备制造业研发效率的主要因素。② 李凯、李世杰在综述国内外研究人员对产业集群研究成果的基础上，构建起装备制造业集群网络结构框架，并试图研究产业网络层和社会网络层的链接模式，以探究装备制造业集群要素结网、链接的深层次原因和装备制造产业集聚的特点③，并借鉴系统耦合的思想，把装备制造业集群要素间的经济联系和内在产业关联抽象为制造企业耦合、集群产业耦合以及区域社会网络耦合三层结构，构建装备制造业集群耦合结构；结合集群耦合度模型，研究装备制造业集群的耦合机理和影响集群要素耦合度的因素。④ 李怀（2000）认为，资源的枯竭导致东北地区以初级资源开发为主的第一产业的衰退；技术落后和创新的不足导致东北地区以机电行业为主的第二产业的萎缩；传统制度本身的低效率在一定程度遏制了产业的进化，拉大了东北地区与外部的产业生命周期差距。⑤ 一些学者将中国装备制造业与德国、日本等装备制造业相比较，得出中国装备制造业发展远远落后的结论。中国装备制造业竞争力不足已经成为学术界研究的共识，而装备制造业又在中国具有重要的战略地位，因此，提高中国装备制造业竞争力的研究就成了很重要的课题。

四 实践的偏差引出理论的困惑

索洛的经济增长模型的生产函数模型为：$Y(t) = F(K(t), A(t)L(t))$，其中 t 表示时间。产出由资本 K 和有效劳动 AL 决定。那么根据索洛的经

---

① 陈爱贞、刘志彪：《决定我国装备制造业在全球价值链中地位的因素——基于各细分行业投入产出实证分析》，《国际贸易问题》2011 年第 4 期。

② 原毅军、耿殿贺：《中国装备制造业技术研发效率的实证研究》，《科技与经济》2010 年第 3 期。

③ 李凯、李世杰：《装备制造业集群网络结构研究与实证》，《管理世界》2004 年第 12 期。

④ 李凯、李世杰：《装备制造业集群耦合结构：一个产业集群研究的新视角》，《中国工业经济》2005 年第 2 期。

⑤ 李怀：《"东北现象"：问题的实质与根源》，《管理世界》2000 年第 4 期。

济增长模型来判断，从2008年至2014年年底，中国装备制造业投入了大量资金，累积了大量的技术工人，也具有技术工人培养和培训的优良传统和教育资源条件，这为中国装备制造业的发展和竞争力的提升提供了良好的人力资源基础。[①] 中国自"一五"期间就效仿苏联实行优先发展装备制造业的政策。金融危机以后更是加大了投入的力度，那么为什么在得到大量的资金投入和拥有良好的技术工人的情况下，其竞争力却没有发生明显的变化？这是一个十分值得思考的问题。学术界多年以来围绕着中国装备制造业竞争力的问题也进行过很多研究，提出了很多提升竞争力的策略。面对现实的巨大反差，引出理论研究的巨大困惑。是不是以往的研究还是存在着某种不足？因此亟须对原有理论进行补充以解释现实和指导现实。

在对发展中国家经济腾飞和产业振兴的研究中，创新是一个提及频率最高的词。经济学上，创新概念的起源为美国经济学家熊彼特在1912年出版的《经济发展概论》。熊彼特在其著作中提出：创新是指把一种新的生产要素和生产条件的"新结合"引入生产体系。它包括引入一种新产品，引入一种新的生产方法，开辟一个新的市场，获得原材料或半成品的一种新的供应来源等。熊彼特的创新概念包含范围很广，如涉及技术性变化的创新及非技术性变化的组织创新。毫无疑问，创新会给产品带来持久竞争力。这样，一个更深层次的疑问就产生了。为什么我们这么多年以来倡导的中国装备制造业创新没有取得理论中应该达到的效果？原因是什么？

李怀等认为，制度创新是一切创新的动力之源。[②] 制约中国装备制造业竞争力提升的因素已经不再是资本或者是劳动力，而是制度。在落后的情况下，寻找后发优势的实现方法也必须依赖创新。制度创新是一切创新的动力之源。制度后发优势实现的核心问题，是正式制度模仿、非正式制度模仿及其关系问题。正式制度是可移植的，但又受到宪法程序、关联制度、非正式制度等的内在制约。同时，非正式制度内在于传统和历史沉淀，其可模仿性就差得多，但在开放条件下非正式制度的变迁不可能封闭进行。制度模仿的过程，是新的正式制度与本土非正式制度相互作用与融

---

① 任净、车贵堂：《提升辽宁装备制造业核心竞争力的思考》，《大连民族学院学报》2006年第4期，第110页。

② 李怀、吴练达：《制度、自由与创新的内在机理——基于经济学的视角》，《财经问题研究》2007年第12期。

合的过程，是引进制度的本土化过程。① 提高中国装备制造业的竞争力不仅要进行产品创新，更重要的是对制度进行创新。

第二节 经济发展的"旧常态"和"新常态"

2014年12月5日，中央政治局会议首提新常态。12月9—11日的中央经济工作会议上又明确表述了中国经济新常态的特征。对于中国经济的未来发展的讨论，从金融危机时就已经开始了。金融危机后，人们从多种视角对危机的性质与原因进行了分析和阐述。

第一种视角，从金融制度和监管缺陷方面进行分析和阐述（何德旭等，2009）。这种解释在危机发生初期影响最盛。但这种把危机归结为金融制度和监管缺陷的解释，多少带有外生性解释的味道。金融制度和监管缺陷是原因，但肯定不是单方面发生作用的。需要弄清楚的，是在一个什么样的政治经济背景下，金融制度和监管缺陷存在并进而引发金融危机的②。换言之，为什么这样的制度和监管缺陷没有被事先发现？是忽略了因而没有被发现，还是本身就不容易克服？不然，就解释不了为什么危机发生在现在，而不是发生在过去或者将来？

第二种视角，从世界经济结构失衡角度进行分析和阐述。而国际收支失衡，又被认为是结构失衡的集中体现。经过历史的比较分析认为，当今的失衡不仅持续时间长，而且失衡总量也大，而历史上高逆差是很难持续的，一国经历一段时期逆差之后都要经历经常账户的调整，调整期间一般伴有本币贬值和经济增长率下降的现象。早期是英国，现在是美国。这使美国经济必然进入调整期，金融危机于是相伴发生。③④⑤

但是，国际收支失衡与国家之间相对发展水平的变化并没有都导致金融危机，所以仍然需要从大历史视角，从政治经济的特定历史背景来分析

---

① 郭熙保、胡汉昌：《论制度后发优势的实现机制》，《上海行政学院学报》2005年第1期。
② 何德旭、郑联盛：《金融危机：演进、冲击与政府应对》，《世界经济》2009年第9期。
③ 刘钻石：《世界经济失衡的今昔对比研究》，《世界经济情况》2008年第2期。
④ 张明：《美国次贷危机的根源、演进及前景》，《世界经济与政治》2008年第12期。
⑤ 王道平、范小云：《现行国际货币体系是否是全球经济失衡和金融危机的原因》，《世界经济》2011年第1期。

金融危机发生的原因。况且，因为多年以来美国一直保持很高的海外净利润，美元又是主要储备货币，其国际收支逆差被高估了。

第三种视角，从世界经济的长周期来观察金融危机。认为上一个长周期起始于 20 世纪 80 年代的信息革命，2001 年随着新经济泡沫破灭而动力衰竭。2005 年以来，以美国为首的发达国家依靠次贷和全球化红利，超发货币，过度发展金融，引发全球流动性泛滥和资产高度泡沫化，最终，在 2008 年以大危机而宣告终结。①②

这个分析解释了金融危机发生的特定历史背景与原因。但是，逻辑上经济具有自我调节能力。一个变量被固定下来，其他变量会围绕它做调整；经济的名义变量可以被固定，实际变量却一定会自动调整，实际变量会趋于呈现其本来的面目。因此，还有必要进一步考察：是什么制度制约了经济向均衡做调整？造成结构失衡而不易自我调整的微观制度是什么？

分析金融危机性质与原因的视角不同，决定了对于世界经济前景的看法也会有异。2011 年上半年，世界经济呈现出"经济增长"、"债务危机"、"通货膨胀"、"财政整顿"四大特征。但为什么会呈现这样四个特征？世界经济结构失衡的微观制度原因在哪里？制约结构调整的微观制度障碍又在哪里？对装备制造业结构调整与产业升级又有哪些影响？从中探寻世界经济结构失衡的微观制度原因与结构调整的微观制度障碍，揭示危机后世界经济呈现困局的根源，并对世界经济的前景和中国的应对措施给出分析。

一 旧常态下装备制造业不可持续高增长

分析特定时期下中国装备制造业的高增长，有五个大事件不可忽略。③ 第一个大事件是 IT 革命；第二个大事件是柏林墙倒塌，众多前社会主义国家纷纷转轨市场经济；第三个大事件是西方世界民主政治的普遍推行；第四个大事件是凯恩斯主义在世界范围的盛行；第五个大事件是以美元为国际中心储备货币的国际货币体系的建立和运行。

信息技术革命使得供给端更加有效率，而柏林墙倒塌，前社会主义国

---

① 谢作诗、李善杰：《中国经济的增长结构：原因及含义——兼论经济的增长性质及金融危机之下的增长前景》，《社会科学战线》2010 年第 11 期。

② 田伯平：《美国次贷危机与全球经济新挑战》，《世界经济与政治论坛》2008 年第 6 期。

③ 谢作诗、邵慰：《局限转变、结构调整与中国增长前景》，《经济与管理研究》2012 年第 7 期。

家转轨市场经济则使得近二十亿廉价劳动力融入世界市场，这二者共同稳定了美国制造业工人的工资和商品价格，使得美国扩张货币而没有通货膨胀；没有通货膨胀美国可以继续扩张货币，因此有了长达十几年的接近零利率的货币政策。不仅仅是美国，整个西方世界都实行低利率政策。日本最为典型，差不多整个二十年都实行接近零利率的货币政策，然而经济并没有通货膨胀，甚至还表现出通货紧缩，以致货币理论大师弗里德曼对于自己的货币数量论都产生了怀疑。

在长期的低利率扩张货币政策下，包括房地产在内的资产价格大幅上升，加之美国政府为了"居者有其房"，让"房地美"、"房利美"部分承担了消费者的购房风险所产生的推动，致使房地产市场形成泡沫。① 在资产价格不断上升（泡沫膨胀）过程中，美国人民以房地产做抵押获得大量流动性以支持超过其真实收入可以维系的消费水平，高消费、低储蓄的美国生活方式于是产生并得以维持。② 人们甚至怀着一种骄傲和羡慕心理把美国人民的这样一种借钱消费、提前消费的生活方式称作美国文化。又由于有了以美元为国际中心储备货币的国际货币体系的支撑，美国这样一种负债生活方式于是得以持久维持。③

不只是资产市场存在累进叠加形成资产泡沫的机制，实体经济同样会产生累进叠加的后果。依据包括资产泡沫所产生的虚假收入在内的总收入来消费，这本身会导致短期的经济繁荣，现在的繁荣又提升未来收入预期，进一步增加消费，这就形成了一个累进叠加效果。资产市场、实体经济市场以及两个市场之间如此累进叠加结果必然是经济的短期巨大

---

① 贷款意愿和抵押品价值之间存在一种反馈循环关系。如果容易获得信贷，就带来了需求，这种需求推高了房地产价值；反过来，推高了的房地产价值又增加了可获得信贷的数量。当人们购买房产，并期待能够从抵押贷款再融资中获利，泡沫便由此产生。

② 理论上，任何家庭和个人都不可以长期负债高消费。美国家庭和个人的高消费，应该由资产价格的非理性上涨来得到解释。理论不允许有例外，任何家庭和个人的消费都是依赖于其收入的。只不过，美国家庭和个人依据的是包含了资产泡沫所产生的虚假收入在内的总收入来安排消费。不考虑资产泡沫所产生的虚假收入，美国家庭和个人就表现出高消费、低储蓄，甚至是负债高消费。但实际上，考虑了包含资产泡沫所产生的虚假收入在内的总收入，美国家庭和个人的高消费、低储蓄就可以得到解释。当然，经济的制度安排不一样，发展水平不一样，消费倾向可以不一样，因此高与低并没有一个绝对的标准。但是无论如何，长期的负债高消费除非用系统性的收入幻觉来得到解释，否则在理论上是不可能成立的。

③ 其实，美元的国际中心储备货币地位决定了美国必然是一个负债国家。

繁荣。①

问题的另一面是，从世界范围来看，高消费、低储蓄的美国生活方式要得以维持，必须有低消费、高储蓄的其他经济体来与之相匹配才有可能。作为世界经济的封闭整体，经济均衡增长必须（世界整体的）总供给等于（世界整体的）总需求。而中国经济，由于人口红利，以及由于体制性投资冲动和消费压抑产生的低消费、高储蓄，恰好成为美国经济的匹配体。正是因为中美两个国家一阴一阳，成就了世界经济的均衡高增长。也促进了对装备制造业的旺盛需求。

其实，没有通胀仅仅是过度发行货币的有利条件，超发货币背后的激励机制则在于当今世界的政治体制。当今世界，各国领导人都不是终身制。在这样的制度约束下，政治家们考虑短期一定胜于长期。能够超发货币而没有通货膨胀，任何人都会超发。更一般地看，超发货币和赤字财政背后的逻辑是一样的。今天，欧洲闹出主权债务危机，美国财政赤字也成大问题，原因都在于当今的政治制度。民主、非终身制有一万个好处，但也有一个坏处，就是领导人会讨好选民，派发免费午餐。② 今天西方世界福利主义盛行，财政赤字高得令人咂舌，就是民主的代价。民主、非终生制不仅深深影响了世界经济的过去，还将持续影响世界经济的未来。民主、非终身制在西方世界普遍、持久的推行，这对于世界经济是一个重大约束。

无疑，整个西方世界出现寅吃卯粮的状况，凯恩斯主义经济学是起了推波助澜作用的。凯恩斯主义世界范围盛行，为各国执政者所偏爱，这是需要加以重视的又一重大约束。

货币扩张，当然会带来短期的高增长；赤字财政、福利主义，把未来的钱叠加到现在花，当然会产生短期的繁荣。正是这些因素的累积作用，成就了世界经济过去二十多年的高增长。问题是这个趋势能够持续吗？过去的短期政策，是不是到了长期必须要支付代价的时候了？

今天，中国等新兴国家的剩余劳动已接近用完，以不变价格获得无限劳动供给已无可能；短期里也看不到能够替代 IT 革命的技术革命。今天，

---

① 叫短期，时间其实可以不短。

② 民主带来好的结果是有条件的：一是产权要得到清晰的界定和保护，什么事情应该投票，什么事情不应该投票，又该以怎样的程序来组织投票，事先都要有清楚的界定；二是中产阶级要成为社会的大多数。

过度发行货币而没有通货膨胀的时代已经一去不复返了。所以，尽管还在金融危机之中，大宗商品价格就已经轮番地大幅上涨。

本来，当今世界所有国家都是负债经营。特别是欧洲国家，由于高福利政策，政府的负债水平奇高。金融危机后，各国又都实施庞大的刺激计划，债务于是达到了极限。

扩张货币，当面临通货膨胀压力时，因之带动的经济扩张也就难以为继了；赤字财政，当赤字占 GDP 比重达到了无以复增的地步，因之而起的经济繁荣就要走上回归之路。华尔街金融危机不仅是金融危机，同时也是经济危机。危机不是因为经济现在出了问题，而是经济过去出了问题。即使在金融危机中，一些国家已经不得不紧缩财政了。个人和家庭，也不得不紧缩开支。金融危机是深刻的教训，过去借钱消费、超前消费的行为方式已不再时髦。美国的储蓄率已经开始上升，负储蓄率状况正在改变。未来人们会更加重视财务纪律。这带来一个基本判断：过去二十年，世界经济其实是一种非常态的高增长，未来世界经济将从过去的非常态高增长回归到常态增长。现在低于常态，但即使恢复到常态增长也面临困难。

二 经济发展失衡的原因与调整的困难

世界经济存在重大结构失衡，致使中国装备制造业竞争力来源扭曲。可是失衡的原因却不在于人民币汇率低估，主要也不是表现在国际收支失衡上。准确地说，国际收支失衡只是世界经济失衡的表现，却不是失衡本身。

名义汇率可以低估，但由于没有价格和工资管制，实际汇率不可能长期低估。况且，就算人民币汇率低估了，人民币升值后，美国的贸易逆差也不会因此改善，因为中国出口美国的产品美国根本就不可能生产。升值不多，美国对中国的贸易逆差会不减反增；升值多了，无非是美国对中国的贸易逆差转变成为对印度、越南的贸易逆差。对此，历史早已给出了证明。二十多年前，美国就说日元低估造成了世界经济失衡。在美国等国家的压力下，日元大幅升值了，但是世界经济失衡却没有因此而得到解决。如今美国又说人民币低估造成了世界经济失衡。人民币升值后，假如世界经济仍然失衡的话，那是不是印度元、越南元又低估了？

柏林墙倒塌，近二十亿廉价劳动力融入世界市场，按说西方国家的高福利、高工资不能维持了。然而过去二十年，由于来自新兴国家廉价制造品对于物价的抑制，西方国家的实际工资不但没有向下调整，反而上升了。而扩张货币政策和赤字财政政策，则进一步强化和维持了这种本不可维持的高福利、高工资。应该说，这才是西方国家结构失衡原因之真正所在。

就中国方面来讲，由于国有经济比重高、政府介入具体经济活动深、产权保护弱、法律执行情况差等方面原因，经济软预算约束严重，加之社会保障和公共服务体系不健全，因此装备制造业呈现出投资冲动、消费不足和产能过剩。而这又是中国装备制造业结构失衡原因之真正所在。

中国和西方国家各自的结构失衡具有互补性。只要超发货币而没有通胀，赤字财政能够继续推行，互补性就能让中国和西方国家彼此契合实现世界经济总供求的平衡。然而一旦超发货币遇到通胀压力、赤字财政不能继续推行的时候，中国和西方国家各自的结构矛盾就显现出来，世界经济总供求平衡就不能维持。上述深层结构矛盾才是国际经济失衡的根本原因，也是金融危机爆发的深层制度原因。所谓国际收支失衡，则不过是上述结构失衡的外在表现。

应该说，西方世界对于柏林墙倒塌、前社会主义国家转轨市场经济并没有做好准备。西方有病，病在民主政治，病在福利主义。不是反对民主政治和社会福利，而是要强调：民主体制、选举政治、福利制度如何与审慎财政和稳健货币相协调。假如愿意平心静气地客观分析，那么此一大难题才是西方国家今日面临的真正经济政策困境①，也是世界经济的难题。

在中国来说，则是要推进体制改革，克服软预算约束，把中国装备制造业增长从依靠外需转移到更多依靠国内消费需求的轨道上②。但是，进一步的改革，再也不可能是帕累托改进了，为了整体的利益，必然要损害一部分人的利益，改革必然要受到利益集团的阻挠，不会容易。

整个世界经济都面临流动性泛滥情况下虚拟经济庞大，游离于实体经济之外自我膨胀、自我循环，并且充满投机性的新现实，这是各国经济运行和宏观经济管理面临新的重要挑战。

不是要反对当经济面临衰退的时候应该放松货币，但这只是因为经济衰退的时候货币流通速度会减慢，真实货币供给减少了，放松货币的目的

---

① 金融危机后，法国只是要减少一点福利，增加劳动市场的弹性，就遭到工人的罢工反对；希腊财务状况恶化到了国家破产的边缘，民众竟然集体反对紧缩措施。结构调整之困难，由此可见一斑。

② 要强调的是，这并不是说外需对于中国经济就不重要了。这个问题，后面还要说明。

只是为了恢复正常的货币供给量，只是为了稳定货币币值。经济不再缺乏流动性的时候，就不应该再扩张货币了。也不是要反对当经济处于过热的时候应该紧缩货币，但这只是因为经济过热的时候货币流通速度会加快，真实货币供给增加了，紧缩货币的目的只是为了恢复正常的货币供给量，只是为了稳定货币币值。财政政策也应是出于同样的考虑。世界经济需要的是结构调整，而不是需求刺激。西方国家，特别是欧洲国家，缺的不是流动性，而是偿债能力；中国缺的则是改革推动力。

事实上，继续扩张需求的政策已经不能起到刺激经济的作用了。不但不能解决，反而加剧结构失衡。华尔街金融危机后，美国的失业率高达10%。奥巴马政府和美联储货币当局希望通过扩张货币刺激经济，增加就业，但这根本不可能做到。美国大幅扩张货币，也安排了巨大的财政刺激计划，但如今失业率还高达9.1%。在美国，企业主有了钱会在本土投资设厂吗？工资成本那么高，怎么可能有竞争力。就算在美国本土投资设厂，也会尽可能用机器替代人，不可能真正增加就业。即使在中国，有了钱，也不一定就流向实体经济，不一定是就业和产量增加。过去二十年，各国货币扩张的一个重要后果，是当今世界流动性泛滥、热钱成灾。但凡供给弹性偏低的产品都容易变为资产。货币扩张带来的将不是就业增长、产量增加（至少主要不是），而是资产泡沫、投机盛行。今天的中国经济，炒股票、炒房子、炒字画、炒邮票、炒大蒜、炒辣椒、炒绿豆，就是这样的投机经济。

三 竞争力提升面临的挑战与政策选择

在一个人口结构正常稳定的社会里，中青年人储蓄，老年人、青少年消费，储蓄和消费始终是协调的。这样的社会，不需要借助国际社会来实现总供给和总需求的平衡，可以追求国际收支平衡，可以追求贸易平衡。但是中国社会的人口结构不是正常稳定的状态。中国社会呈典型的青壮年特征，这决定了中国经济必然在整体上呈现储蓄大于投资的局面。作为国家整体，储蓄大于投资就要表现为贸易顺差。在这段时期内，中国经济是不可能靠自身维持充分就业下的均衡增长的。

过去三十年来，中国装备制造业就处在这样的时期。目前，中国装备制造业仍然处在这样的时期。

外需对于中国装备制造业至关重要，然而世界经济要在短时间恢复正常增长存在困难。

更为严峻的问题则是，西方国家经济不能恢复正常增长，政客们势必要转移矛盾，嫁祸于人。美国、日本在人民币汇率问题上对于中国的指责，就是典型的转移矛盾，嫁祸于人。明明人民币升值不可能增加美国的就业，为什么美国还要揪着人民币汇率不放呢？这当然是转移矛盾，嫁祸中国，但是又不仅限于此。今天中国经济总量已经超过日本成为世界第二，这使得遏制中国重新成为美国的利益取向。美国是不愿意退居第二让中国成为世界第一的。

可以预期，中美之间、中国和西方其他国家之间在人民币汇率问题上的博弈将会长期存在。在这个博弈中，中国无疑处于相对不利的地位。虽然当今世界你中有我、我中有你，相互制约，但是，美国有着印度、越南等其他新兴国家作为替代选择。如果美国动真格要中国在人民币升值与贸易制裁之间做选择，中国很难不让步，虽然可能是一点一点缓慢让步。人民币汇率不仅仅是一个经济问题，更是一个政治问题。升值预期可以来自升值预期本身：预期人民币升值，热钱流入，进一步形成升值预期。本来，香港非交割远期人民币汇率（NDF）预期是贬值，然而，2011 年 10 月 3 日，美国参议院程序性投票通过《2011 年货币汇率监督改革法案》①，该法案立项消息一出，人民币贬值预期立刻又转为升值预期。

中国装备制造业还将面临世界性超发货币难题。西方国家超发货币并不会增加他们的就业，这些钱一部分会流向新兴经济体。奥秘正在于此，超发货币于是可以成为西方遏制中国的又一手段。在人民币升值预期下，热钱会大量流入中国，造成中国流动性过剩、资产泡沫。

如何避免以房地产为主的资产泡沫已成中国装备制造业面临的重大挑战。中国装备制造业不能承受货币扩张之重，否则，流动性泛滥，投机盛行，这对于像中国这样人口众多、资源贫乏、人力资本含量不高的国家势必是灾难。房地产泡沫的又一害处是剥削穷人，补贴富人，造成两极分化。因为能够获得资金享受资产泡沫盛宴的不可能是穷人，而只能是富人。房地产泡沫的第三大害处是会增加制造业成本，长期里将严重伤害制造业的竞争力。房地产泡沫还可能给银行体系造成潜在风险。泡沫最终是会破裂的，泡沫越大，最终破裂造成的破坏也越大。

---

① 该法案将操纵汇率与贸易补贴绑定，要求美国政府调查主要贸易伙伴是否存在直接或间接压低本币币值，以及为本国出口提供补贴的行为。一旦主要贸易伙伴汇率被认定低估，美国将对其征收惩罚性关税。该议案被普遍解读为旨在逼迫人民币加速升值。

除收缩货币之外，当然还有别的办法可以协助抑制房地产价格上涨。限购令无疑是一个蠢办法，副作用大，不可持续，征收房产税才是行之有效的办法。但是这个办法容易受到既得利益集团的干扰而不能实施，因为政策制定者大都是拥有多套房子以及大房子的人。

有人主张，要先把实体经济搞好，然后才能打压房价。但这是只知其一而不知其二，只知其表而不知其里。正确的主张，应该首先把包括房地产在内的资产价格上涨抑制住，然后实体经济才有搞好的可能性。资产市场上资金的巨额收益，便是搞实体经济的巨大成本。当资产市场上价格50％、120％地上涨的时候，实体经济领域就会发生资金倒抽效应，钱反而要大规模流出实体经济领域。其结果，越是扩张货币，资产价格越是狂涨而得不到控制，实体经济领域资金倒抽效应便越是强烈。当前的中小企业融资难，既有金融制度存在缺陷方面原因①，也有政府和国有部门投资冲动对于私人部门的挤出效应方面原因②，然而更有因为货币扩张、资产泡沫而发生实体经济领域资金倒抽资产市场的缘故。

必须改变国民收入分配中政府所占比重过高以及上游产品国家垄断经营现状。土地等重要生产要素私人所有可能也是必要的政策选项。这些问题不解决，百姓的收入不可能有效增长。没有收入增长，消费不可能真正提升，经济增长就还得依靠投资拉动，给长期发展埋下更大的隐患。土地等重要生产要素为私人所有，不仅可以让民众获得资产收益而有效增加其收入，增加国内消费，而且也增加了吸收过量货币的广阔天地，可以有效抑制房地产泡沫。同样重要的是，要改变政府介入具体经济活动深的现状，强化软预算约束，减少投资冲动。

既然世界经济过去的高增长是非常态的高增长，长期里将回归常态增长，与此相适应，中国的外需增长也将从非常态回归到常态水平，那么中国经济必须调低增长预期。无论从需求方面看，还是从供给方面看，曾经

---

① 金融制度缺陷当然是原因，但应该不是主要原因，至少不是这次中小企业资金紧缺、流动性不足的主要原因。否则，资金紧张、利率高昂就不应该仅仅发生在这个宏观层面、整体上货币发行过多、流动性过剩的年份，而应该成为一个常态才对。换句话说，如果上述原因能够解释问题的全部，那么在那些宏观层面、整体上货币发行正常、流动性呈现常规状态的年份，中小企业资金紧张、利率高昂的问题也应该存在，并且应该更加严重。

② 仅仅地方融资平台就达到了10万亿元，甚至有说14万亿元负债的，而最近爆出铁路负债高达2万亿元，其他诸如电力、水利部门的负债也应不会少，这些加总起来对于资金的挤占可想而知。

8%以上高增长的经济环境已经发生了改变。不过，由于中国的劳动市场相对具有弹性，虽说剩余劳动力已经用完，但是人口红利在未来十多年仍然存在，基础设施也不是其他新兴国家短期能够赶超的，因此制造业在世界上仍然会有竞争力，这决定了中国经济保持一个中高的增长速度仍然是可能的。货币方面，虽然会呈收紧态势，但是危机期间刺激政策产生的大规模坏账最终要靠中央政府通过货币发行来买单。未来几年，中国经济会逐步回归一个中高增速，而通货膨胀会与此过程相伴随。① 当然，经济增速下调并不是坏事。但是，没有当初的需求刺激，没有通胀伴随的下调本来应该是好事。此时，中国装备制造业真实的市场需求才会体现出来。

四　经济新常态下的装备制造业发展

（一）中国和西方国家各自都存在结构失衡的现象，经济结构的失衡导致装备制造业需求被扭曲

但在"IT革命"、"柏林墙倒塌"、"西方世界民主政治普遍推行"、"凯恩斯主义盛行"、"以美元为中心储备货币的国际货币制度的建立和运行"诸条件下又具有互补性。世界经济过去二十年的高增长其实是依靠各自都结构失衡的中西方经济，在上述条件下相互补充从而实现的非常态高增长。一旦超发货币遇到通胀压力、赤字财政不能继续推行时，中国和西方国家各自的结构矛盾就会显现，世界经济总供求平衡就不能维持。金融危机是世界经济结构失衡的爆发，是非常态高增长的一个强制性回归。

（二）西方国家的结构失衡在于柏林墙倒塌，近二十亿廉价劳动力融入世界市场，其高福利、高工资便不能维持

然而过去二十年，由于来自新兴国家廉价制品对于物价的抑制，西方国家的实际工资不但没有向下调整，反而上升了，而扩张货币政策和赤字财政政策，则进一步强化和维持了这种本不可维持的高福利、高工资。中国的结构失衡在于，由于国有经济比重高、政府介入具体经济活动深、产权保护弱、法律执行情况差等原因，经济软预算约束严重，加之社会保障和公共服务体系不健全，因此经济呈现出投资冲动、消费不足和产能过剩。西方国家，特别是欧洲国家，缺的不是流动性，而是偿债能力；中国缺的则是改革推动力。在西方因为民主制度的制约，在中国由于利益集团

---

① 一边是经济增速减缓，另一边是通货膨胀，在这个意义上，中国经济是具有滞胀性质的。

对进一步改革的阻挠，结构调整都面临困难。而国际收支失衡不过是深层制度失衡的外在表现，并不是失衡本身。

（三）世界经济面临流动性泛滥情况下虚拟经济庞大，游离于实体经济之外自我膨胀、自我循环，并且充满投机性的新现实，各国经济运行和宏观经济管理面临新的重大挑战

中国很多装备制造业企业甚至做起了房地产，实体经济资金被抽空。后续发展乏力。

波动是经济的内在属性，在耐用品经济时代尤其如此。经济向下调整不是经济现在出现了问题，而是经济过去出现了问题，是经济在上行过程中本来就走过头了。经济向下调整本身并不是错，恰恰相反，这是经济在做自我修正与康复，是经济重新恢复正常增长必须经历的过程。在这个调整过程中，如果人为扩张货币避免经济向下调整，可是带动经济重新走向繁荣的新的技术和产品并没有出现，旧产品市场已经饱和状况并没有改变，那么就会出现资产泡沫和通货膨胀。资产泡沫最初可以拉动投资和经济增长，但是这种增长不能持续。最终，靠资产价格上涨带动的增长会停滞下来，价格上涨则会传导到实体经济，出现经济停滞和通货膨胀并存的滞胀局面。今天，整体上世界经济再一次地进入了滞胀时代。

（四）要搞好装备制造业，首先要控制包括房地产在内的资产泡沫

控制资产泡沫，治本之策还是釜底抽薪，收紧货币。收紧货币是唯一的对症之药。然而当今中国，控制资产价格，特别是房地产价格，本身又是货币紧缩的一个有机组成部分。当今中国的货币供给，有一部分是内生决定的，决定这部分货币供给的关键变量就是房地产价格。存在紧缩货币之外的抑制房价的其他办法，不过限购令副作用大，也不可持续，征收房产税才是行之有效的办法。当前存在的中小企业融资难问题，既有金融制度存在缺陷方面的原因，也有政府和国有部门投资冲动对于私人部门的挤出效应方面的原因，更有因为货币扩张、资产泡沫而发生实体经济领域资金倒抽资产市场的缘故。抑制房价，短期虽然可能挤出一部分货币流入商品和劳务市场，导致CPI走高，但是，长期看却有利于治理通货膨胀。未来，中国必须改变国民收入分配中政府所占比重过高，以及上游产品国家垄断经营的现状，土地等重要生产要素私人所有可能也是必要的政策选项。而同样重要的是，要改变政府介入具体经济活动深的现状，要强化软预算约束，减少投资冲动。未来，中国经济将告别8%以上的高增长时

代。未来几年，中国经济会逐步回归一个中高的增速，而通货膨胀会与此过程相伴随，中国装备制造业的发展也将逐渐回归正轨。

第三节　国内外研究进展

一　竞争力问题研究评述

1990 年，普特哈拉德和加里·哈默尔（C. K. Prahlad and Gary Hamel）在《哈佛商业评论》发表《企业的核心竞争力》指出，"核心竞争力"是"组织中的积累性学识，特别是关于如何协调不同的生产技能和有机结合多种技术流派的学识"，文中首先提出"企业的核心竞争力（Core Competence）"① 这一概念，之后对核心竞争力的研究就一直是企业管理界相关领域的前沿和热点问题。② 杜云月和蔡香梅（2002）总结：我国学术界关于核心竞争力理论追根溯源的发展历程的研究，主要有三种不同看法。第一种溯源于"分工论"，他们认为，核心竞争力概念源于分工。第二种溯源于"战略发展论"。相当一部分研究者认为，企业核心竞争力理论是企业战略管理理论发展到现阶段的表现。第三种溯源于"企业理论的新发展"论。③

刘小铁、欧阳康（2003）总结：关于产业竞争力内涵，大致有以下几种观点：一是国家环境说，主要代表是美国哈佛商学院教授迈克尔·波特。二是生产力＋市场力说，代表人物是中国社会科学院工业经济研究所的金碚博士。三是比较优势和竞争优势说，代表人物是中国社会科学院的裴长洪博士。④ 朱春奎（2004）总结：国际竞争力至少可以划分三个主要层次：宏观层次的国家竞争力、中观层次的产业竞争力以及微观层次的企业竞争力。⑤ 余祖德、陈俊芳（2009）将竞争力来源概括为三种学派：其一，企业竞争力来源的内生论（资源观和能力观）；其二，企业竞争力来

① Prahalad, C. K., Hamel Gary, "The Core Competence of the Corporation", *Harvard Business Review*, Vol. 68, Issue 3, May – June 1990, pp. 79 – 91.

② 徐阳华：《企业核心竞争力研究综述与前瞻》，《华东经济管理》2005 年第 11 期。

③ 杜云月、蔡香梅：《企业核心竞争力研究综述》，《经济纵横》2002 年第 3 期。

④ 刘小铁、欧阳康：《产业竞争力研究综述》，《当代财经》2003 年第 11 期。

⑤ 朱春奎：《国外竞争力理论研究综述》，《生产力研究》2004 年第 1 期。

源的外生论；其三，其他来源理论（竞争优势理论、国际竞争力理论）。①
陈劲等（1999）认为，国外学者的一些主要理论观点可以归结为整合观、
网络观、协调观、组合观、知识载体观、元件构架观、平台观、技术能力
观八大观点。这些观点是各位学者从各自角度出发研究的结果，各有侧重
点和优缺点。② 李怀（2000）等学者认为，竞争力来自制度的不断创新。
创新是推动人类社会发展和进步的永恒动力。如果把一切竞争归结为科学
技术、人才或制度的竞争，不如进一步归结为"创新精神"这一人类社
会制高点上的竞争。③ 然而，创新的产生与发展需要相应的制度作为基
础，"制度就是一种激励结构，一种激励制度。好的制度应该可以激励人
们发挥他们的创造力，提高他们的生产效率，有效地运用高技术"。④ 因
此，创新与制度两者是互相影响、互为动力的辩证关系。一方面，制度的
变迁在很大程度上受到创新与技术水平的制约或推动；另一方面，创新的
产生和发展又依赖制度所构建的环境。⑤

本书将竞争力的研究分成四个维度：（1）能力是竞争力来源的研究；
（2）资源是竞争力来源的研究；（3）国际（区域）竞争力方面的研究；
（4）制度是竞争力来源的研究。

第一，能力是竞争力来源的研究。哈佛大学教授波特（1998）提出，
企业的竞争力是该企业获得竞争优势的能力。波特从要素（资金、技术、
劳动力）、市场、企业内部管理能力以及环境等方面研究获取竞争力的途
径。世界经济论坛（WEF）和瑞士洛桑国际管理发展学院（IMD）
（1995）两个权威机构提出财富理论，强调产业竞争力核心的内容是创造
增加值和国民财富，创造财富的能力是产业竞争力强弱的最基本的体现。
樊纲（1996）认为，竞争力的概念最终可以理解为"成本"概念，即如
何能以较低的成本提供同等质量的产品，或者反过来，以同样成本提供质
量更高的产品。该理论从比较成本的角度评价产业的竞争力。金碚
（2003）指出，在市场经济中，竞争力最直观地表现为一个企业能够比其

---

① 余祖德、陈俊芳：《企业竞争力来源的理论综述及评述》，《科技管理研究》2009 年第 6
期。
② 陈劲、王毅、许庆瑞：《国外核心能力研究述评》，《科研管理》1999 年第 5 期。
③ 李怀：《从创造与创新的理论分野谈起》，《光明日报》2000 年 8 月 11 日第 6 版。
④ 诺斯访谈：《诺思的"制度富国论"》，《21 世纪经济报道》2002 年 4 月 8 日第 7 版。
⑤ 李怀、王松：《古代中西方创新制度比较研究》，《天津行政学院学报》2008 年第 3 期。

他企业更有效地向消费者（或者市场）提供产品或者服务，并且能够使
自身得以发展的能力或者综合素质。① 所谓"更有效"，是指以更低的价
格或者消费者更满意的质量持续地生产和销售（统计上表现为拥有较高
的市场占有率）；所谓"使自身得以发展"，是指企业能够实现经济上长
期的良性循环，具有持续的良好业绩，从而成为长久生存和不断壮大的强
势企业（统计上表现为长期具有较高的盈利率）。在《公司的核心能力》
一文中，普拉哈拉德和哈默指出，面对全球化的新一轮竞争必须重新思考
企业：管理层不再从终端产品的角度看问题，而应从核心胜任的角度看问
题。短期内，一个企业的竞争力来自现有产品的价格、性能特性；但从长
期看，竞争力来自这样一种能力：以比竞争者更低的成本和更快的速度培
植能孵化预料不到的产品的核心能力。王秉安认为，企业核心竞争力是由
核心产品、核心技术和核心能力构成的。核心竞争力是指"使企业能在
竞争中取得可持续生存与发展的核心性能力"。它是硬核心竞争力（以核
心产品形式和核心技术或核心技能为主要特征）和软核心竞争力（经营
管理）的综合。②

　　第二，资源是竞争力来源的研究。张伯林（Chamberlin，1933）认
为，资源是企业竞争力的重要方面，他们提出，企业特有的资产或能力是
使企业处在不完全竞争状态并获得经济租金的重要因素。③ 彭罗斯（Pen-
rose，1959）明确提出竞争力资源观，他认为，企业成长的主因是"组织
剩余"存在不完全的市场，为发挥其经济效率，因此改变企业规模，这
种所谓的剩余就是企业的资源。④ 路江涌（2006）认为，区域间自然禀赋
的差异性和产业区域聚集的外部效应是促进产业集群成为提高产业竞争力
普遍采用的方法。这一点可以从许多地方业已形成的围绕某个装备制造业
产业建设的产业群得到印证。普拉哈拉德对企业核心竞争力的描述的
"积累性学识"或"学识"，是一种资源，而能力与知识同属于一类事物。
资源差异能够产生收益差异。企业内部的有形与无形资源及积累的知识，

① 金碚：《企业竞争力测评的理论与方法》，《中国工业经济》2003 年第 3 期。
② 王秉安：《企业核心竞争力理论应用的探讨》，《福建行政学院、福建经济管理干部学院
学报》2000 年第 2 期。
③ Chamberlin，Edward H.，*The Theory of Monopolistic Competition*，Cambridge：Harvard Universi-
ty Press，1933，pp. 305 - 311.
④ Penrose，E. T.，*The Theory of the Growth of the Firm*，Oxford：Oxford University Press，1995，
pp. 99 - 110.

在企业间存在差异，资源优势能产生竞争优势，有价值性、稀缺性、不可复制性以及低于价值的价格获得的资源是企业获得持续竞争优势以及成功的关键因素。沃纳菲尔特（1984）在《企业资源学说》中提出，企业内部的组织能力、资源和知识的积累是解释企业获得超额收益、保持核心竞争力的关键，企业核心竞争力来源于企业所拥有的资源数量、质量和使用效率，而不在于外部的环境因素。刘世锦（1999）提出，竞争是对手之间的对抗，企业竞争力的实质是企业有效使用生产要素的能力。① 事实上，环境也是资源的一种。明茨伯格等（H. Mintzberg et al.，1998）认为，企业是同质的，因此企业获取竞争优势的基础是外部因素，如外部的环境、竞争者等。阐述了环境的独特方面与组织的特别属性间的关系，如外部环境越稳定，组织结构越正规。②

　　第三，国际（区域）竞争力方面的研究。世界经济论坛和瑞士洛桑国际管理与发展学院进行的国际竞争力研究是宏观层次国家竞争力研究方法的代表。③ 前者认为，国际竞争力是一国实现国民经济持续高速增长的能力。这一定义以新古典经济增长理论为基础，结合技术进步内生化经济增长模型，着眼于影响未来5—10年中长期人均GDP增长的各种因素的分析。后者认为，国际竞争力是创造增加价值，从而增加国民财富的能力。这一定义着眼于国家整体的实力和发展水平，强调国际竞争中的资产条件与竞争过程、引进吸收能力与输出扩张能力、全球经济活动与国内经济活动、经济发展与社会发展四对平衡关系对国际竞争能力的影响。中国社会科学院裴长洪指出："产业竞争力是指属地产业的比较优势和它的一般市场绝对竞争优势的总和。"④ 美国哈佛商学院教授迈克尔·波特认为，比较优势理论、规模经济理论、产品周期理论（弗农）都不能说明产业竞争力的来源，新的竞争优势理论必须从比较优势的观念提升到"国家"竞争优势层面。⑤ 需要注意的是，近年来，国内有越来越多的文献，阐述产业集群在竞争力中的作用。在中国期刊网上以产业集群—竞争力为检索

---

　　① 刘世锦：《核心竞争力：企业重组中的一个概念》，《中国工业经济》1999年第2期。

　　② Mintzberg, H. et al., *Strategy Safari*, *A Guided Tour Through The Wilds of Strategic Management*, New York：The Free Press, 1998, p. 345.

　　③ 朱春奎：《国外竞争力理论研究综述》，《生产力研究》2004年第1期。

　　④ 裴长洪：《利用外资与产业竞争力》，社会科学文献出版社1998年版，第207—210页。

　　⑤ ［美］迈克尔·波特：《国家竞争优势》，李明轩、邱如美译，华夏出版社2002年版，第224—229页。

词精确检索，到目前有期刊文献 458 篇。可见，产业集群对竞争力的影响是国内学术界的一个研究热点。最早提出产业集群对竞争有重要影响的是波特。波特认为，形成产业集群的区域往往从三个方面影响竞争：首先是提高该区域企业的生产率；其次是指明创新方向和提高创新速率；最后是促进新企业的建立，从而扩大和加强集群本身。他认为，产业集群与竞争的关系表现在三个方面：其一，产业集群内的企业通过在集群内的生产力对集群外企业施加影响；其二，集群内的企业通过采取低成本技术创新为将来的发展奠定了基础；其三，集群的环境有利于新企业的产生和集群规模及影响的扩大。因此，产业集群能够提高企业的竞争力。[①] 秦嗣毅（2008）研究表明，产业集群是产业融合的基础，而产业集群和产业融合的形成，可以提高产业整体的竞争能力和国家竞争力，能够加强集群内企业间的有效合作，增强企业的创新能力和成长能力，并发挥资源共享的效应。产业集群和产业融合作为一种产业空间组织形式，它具有的群体竞争优势和集聚发展的规模效益是非常大的。产业集群和产业融合形成的竞争优势提升了整个国家的竞争力，为实现一国经济的高起点、跨越式发展增加了新的动力。[②] 谷任等（2007）认为，产业集群之所以能引起人们的高度关注，关键在于它不仅是一种新型的产业组织形式，而且具有较强的持续竞争力。当产业集群形成时，一个国家或地区无论在最终产品、生产设备、上游供应及售后服务等方面都会有国际竞争实力。[③] 康小明等（2005）认为，产业集群具备着天然的横向扩张和纵向扩展的内在动力机制，因此，产业集群的形成和发展将伴随着产业规模的不断扩张，不断扩张的产业规模又反过来促进产业集群的发展和壮大，从而对文化产业竞争力的提升发挥着重要作用。[④] 此类文献形成了一个共识：产业集群对于区域（国家）形成竞争力的影响是巨大和持久的。构建产业集群对于形成产业竞争力具有重要作用。

第四，制度是竞争力来源的研究。2012 年诺贝尔经济学奖获得者莱昂纳德·赫维兹（2007）的机制设计理论为制度如何为提高经济绩效发

[①] ［美］迈克尔·波特：《国家竞争优势》，李明轩、邱如美译，华夏出版社 2002 年版，第 87—90 页。

[②] 秦嗣毅：《产业集群、产业融合与国家竞争力》，《求是学刊》2008 年第 9 期。

[③] 谷任、邝国良：《产业集群、金融发展与产业竞争力》，《中国软科学》2007 年第 6 期。

[④] 康小明、向勇：《产业集群与文化产业竞争力的提升》，《北京大学学报》2005 年第 2 期。

挥作用提供了理论基础。金碚（2001）认为，产业竞争力归根结底是一个产业组织问题，形成有效竞争的市场结构和产业组织结构是培育和增强产业竞争力的根本途径和决定性条件。左建军（2000）从体制和制度出发进行研究得出，企业体制与制度是最基础的核心竞争力的结论。左建军认为，制度是基础的核心竞争力，先进的企业体制与制度是企业最基础的核心竞争力，是企业竞争力系统的平台，体制与制度与在此平台上延伸的人才、技术创新、管理、品牌、专业化等方面共同组成核心竞争力系统。[①] 值得指出的是，一些非正式制度在竞争力提高中作用的研究也有很多，比如企业文化。迈克尔·茨威尔在《创建基于能力的企业文化》一书中写道："企业文化被定义为在组织的各个层次得到体现和传播，并被传递至下一代员工的组织运作方式，其中包括组织成员共同拥有的一整套信念、行为方式、价值观、目标、技术和实践。"[②] 林国建（2005）认为，企业文化力既是强势企业再造新优势的创新资源，也是弱势企业开拓新强势的启动杠杆，更是企业增加核心竞争力的制胜法宝。他还认为，企业应从导向力、凝聚力、奉献力、开拓力、形象力五个方面加强企业文化的作用，提升企业的核心竞争力。[③] 樊纲（1998）认为，"竞争力"的概念是国际经济学中的一个综合的概念，既意味着制度改进、技术进步，也意味着发挥比较优势。提高竞争力，一是改进技术，实现创新，一方面研究出更新更好的产品，另一方面更多地节省生产成本；二是改进经济制度和管理方法，以使资源的配置更优化，尽可能降低"交易成本"。就"制度"而言，一种有效的制度（法律、规章等）的形成，往往也是一个需要支付高额代价的痛苦的"试错"过程，经过反复、动荡、危机以至战争等才能形成。而它们一旦形成并行之有效，后人就可以模仿，可以避免前人犯过的错误，而不必自己付同样的代价。[④]

总的来说，国外制造业竞争力的研究偏重实证和量的分析，并且研究对象为制造业而并不针对装备制造业，因此可供中国直接借鉴的经验较

---

① 左建军：《浅谈企业核心竞争力》，《长江论坛》2000 年第 5 期。
② ［美］迈克尔·茨威尔：《创建基于能力的企业文化》，王申英等译，华夏出版社1999 年版，第68—77 页。
③ 林国建：《企业文化与提升企业核心竞争力》，《理论探讨》2005 年第 5 期。
④ 樊纲：《论竞争力——关于科技进步与经济效益关系的思考》，《管理世界》1998 年第 3 期。

少。国内学者结合中国国情提出了一系列通过产业集群、组织结构设计等来发挥低成本的比较优势进而提高竞争力的方法，对于改革开放 30 多年来该产业的发展起到了巨大推动作用。这些学者的研究是十分难能可贵的。同时由于专注于竞争力本质上规范层次的理解和前提假设忽略了现实中制度和交易费用因素的原因，导致国内研究缺乏操作层面的梳理，在实践中难以为公共政策的制定提供具体化指导。

二　中国装备制造业竞争力问题研究评述

迄今为止，中国期刊网以中国装备制造业为关键词共检索文献 8263 条。作者遍布全省 40 所普通高校和社科院、党校等科研机构。各大学学报和社会科学辑刊等学术期刊都发表过中国装备制造业的科研成果。这些成果对于中国装备制造业的研究是非常可贵的，研究的角度也遍及产业经济学、企业管理等很多学科。这些成果为这些工作的后来研究者提供了非常丰富的研究资料，并具有非常重要的借鉴价值。

本书将这些文献的研究内容分为如下几大类：

（一）宏观建议的视角

孙萍等（2004）提出，要以科学发展观为指导推动中国装备制造业发展。提出装备制造业是国民经济发展的支柱产业，中国具有发展装备制造业的优势。在新的经济形势、体制和资源条件下，中国应该以科学发展观为指南，大力发展装备制造业，走可持续发展之路，实现全面振兴。[1]娄成武等（2004）则从技术哲学的角度对中国装备制造业的竞争力进行了剖析。主要侧重于技术政策方面。提出大力支持装备制造业共性和核心技术研究开发；快速发展技术中介和服务体系；鼓励中小企业向专业化方向发展，加强产业间的协调与配套等宏观政策方面的建议。[2] 王星琪（2003）则从政府的视角，提出政府如何制定相应的政策来促进装备制造业的竞争力以及加大改革力度，破除体制性和机制性障碍，改善投资环境，承接周边国家和地区装备制造业的转移，等等。[3] 花蕾（2008）从政府创新管理视角研究了这个问题。指出继续做大做强处于核心龙头地位的

---

[1]　孙萍、刘丹：《以科学发展观推动辽宁装备制造业发展》，《科技管理研究》2004 年第 6 期。

[2]　娄成武、刘丹：《技术哲学视角下的辽宁装备制造业技术政策研究》，《高科技与产业化》2004 年第 6 期。

[3]　王星琪：《振兴装备制造业的若干建议》，《决策咨询通讯》2003 年第 5 期。

重点大中型装备制造业企业，增强其在地区经济发展中的集群带动作用；同时大力整合为核心企业提供配套服务的中小企业集群，加强装备制造业与地区经济的协调发展。为此，地方政府需要在转变政府职能、推行机构改革、落实依法行政、改革政府绩效评估体系、推行政务公开等方面加大工作力度。①

上述文献主要从宏观角度，对中国装备制造业竞争力提高的理想状态进行了设计，用规范分析的方法指出要实现什么样的状态。给出的建议都是宏观的、概括性的、指导性的建议。对中国装备制造业的未来发展做出了总体的概括分析。

（二）产业集群的视角

比较典型的有下面几类研究。霍春辉等（2008）提出了基于创新型产业集群的中国装备制造业竞争力提升战略。指出装备制造业是中国老工业基地改造的重点，而集群化发展则是中国装备制造业发展的必然选择，根据产业集群创新与演进的机理和中国装备制造业的现状与特征分析，在集群化发展的过程中，中国应该着力打造创新型的产业集群。创新型产业集群的打造是一个巨大的系统工程，在这个过程中企业必须转变战略思想和竞争观念，而政府的正确引导和平台建设则是不可或缺的推动力量。②岳玉珠等（2006）从中卫型集群内企业的行为分析出发，通过集群内企业采取的不同行为对集群结构进行分类，从微观角度对其运行绩效进行了定性分析。在中卫型产业集群中，集群内部合作增强集群的竞争优势。集群整体的竞争优势的增强取决于核心企业是否在行业中具有绝对优势。并结合中国装备制造业的实际，提出了做优做强中国装备制造业龙头企业的意义及有效途径。③刘春芝（2008）认为，集群式创新是提升中国装备制造业竞争力的有效路径，中国装备制造业可以通过构建具有竞争优势的产业集群来提升集群内企业的技术创新能力和创新绩效，从而推动中国装备制造业的振兴与可持续发展。④

---

① 花蕾：《振兴辽宁装备制造业中的政府管理创新》，《社会科学辑刊》2008 年第 3 期。
② 霍春辉、刘力钢：《基于创新型产业集群的辽宁装备制造业竞争力提升战略》，《辽宁大学学报》2008 年第 2 期。
③ 岳玉珠、张彦彬：《中卫型集群结构的运行绩效及对辽宁装备制造业的启示》，《辽宁大学学报》2006 年第 5 期。
④ 刘春芝：《集群式创新：提升辽宁装备制造业竞争力的路径探析》，《沈阳师范大学学报》2008 年第 6 期。

支持产业集群提高中国装备制造业竞争力的研究人员比较多，东北大学、大连理工大学、辽宁大学等高校有大批科研人员从事该研究，研究成果影响了辽宁省委省政府的决策。在辽宁省政府制定辽宁沿海地区经济带规划中，产业集群扮演了重要角色。重点发展一大批产业集群：大连长兴岛临港工业区，主要培育造船产业集群，发展装备制造业、能源及精细化工原材料产业。营口沿海产业基地，主要培育冶金产业集群，发展先进装备制造、精细化工。盘锦船舶工业基地，主要发展中小型船舶及配套产业集群。锦州西海工业区，主要培育电子产业集群，发展石化、能源等临港产业。葫芦岛北港工业区，主要培育石化产业集群，发展船舶制造及配套、有色金属精深加工。丹东产业园区，主要培育造纸产业集群，发展仪器仪表、汽车等产业。大连花园口工业园区，主要培育食品加工产业集群，发展电动汽车零部件、新材料等产业，等等。

（三）技术创新的视角

在提到竞争力来源的时候，专家们各持己见，很难达成共识，但是对技术创新的观点是个例外。专家们几乎无一例外地认同技术创新在提高竞争力中的作用。刘春芝等（2006）对中国装备制造业技术创新状况的统计分析认为，中国装备制造业虽然 R&D 投入强度较高，但是企业的创新动力不足、创新目标和创新战略带有一定的市场被动性，因而创新效益欠佳，并且由于传统的竞争观念束缚和缺乏信任机制，企业之间、企业与中介机构以及科研院所之间缺乏技术交流与合作，一定程度制约了中国装备制造业的技术创新。因此，振兴中国装备制造业应致力于以下几方面：技术创新自主化，创新主体企业化，努力创建诚信机制，建立富含动态能力的区域创新网络并实现集群化。[①] 刘岩（2008）对中国装备制造业自主创新战略进行了理论分析认为，中国装备制造业只有走自主创新道路，才能在市场竞争中生存和发展。企业在选择自主创新项目后，应参照技术轨迹理论进行论证，考虑好资金成本，对三种自主创新模式进行取舍，还要避免掉入"能力型陷阱"或"投资型陷阱"，并且结合企业自身诸多因素进行分析，如果有差距应想方设法加以弥补，最终确定好可靠性较高的自主创新战略。[②] 赵忠华等（2007）对中国装备制造业发展中的技术追赶效应

---

① 刘春芝、聂颖：《辽宁装备制造业技术创新状况的统计分析》，《沈阳师范大学学报》2006年第4期。

② 刘岩：《辽宁装备制造业自主创新战略的理论分析》，《财经问题研究》2008年第2期。

进行分析指出，中国装备制造业的发展水平与国内外发达国家和地区还有很大的差距，中国装备制造业应该利用一切有利条件，加大技术追赶步伐，缩小与发达国家和地区的差距，甚至形成超越。在对中国装备制造业的现状进行分析的基础上，从技术引进能力较低、技术引进方法不当、技术创新环境不够完善几个方面指出了技术追赶中存在的问题，并提出了相应的建议。① 杨砚峰等（2009）对中国装备制造业技术创新的企业规模效应与规模结构进行研究发现，中国的装备制造业具有传统的存量规模和人才优势，然而旧有计划经济发展模式下管理效率低，市场竞争意识淡薄，并没有将存量优势发挥出来。所以采用"企业集群式—推拉结合模式"是中国装备制造业中长期理想的发展模式。② 也有学者指出利用海外并购来实现后发优势，进而实现技术的快速进步。刘秀玲（2007）提出，通过跨国技术并购可以获取核心技术，经过整合、消化和吸收是促进中国装备制造业企业创新能力和整体研发水平大幅度提高的重要战略。③ 刘秀玲（2009）提出，我国企业大多数走的是技术引进—落后—再引进的循环，核心竞争力得不到提升，结果是规模可能很大，但总是无法掌握具有国际竞争力的核心技术、品牌和销售网络。只有在消化吸收的基础上寻求自我创新，开发出拥有自主知识产权的新产品，才能逐渐形成企业的自主研发能力和创新体系。④

（四）竞争力评价及与同行业比较的视角

王青等（2008）通过运用因子分析方法对国内 29 个省、市、自治区的装备制造业的竞争力进行综合比较发现，中国装备制造业中各类行业在国内都具有一定的规模竞争力，但是普遍缺乏效益竞争力，其中通用设备制造业、电气机械及器材制造业和专用设备制造业三大行业具有规模竞争力，仪器仪表及办公用机械制造业具有效益竞争力，金属制品业、通信设

---

① 赵忠华、邵武杰：《辽宁省装备制造业发展中的技术追赶效应分析》，《科学管理研究》2007 年第 6 期。

② 杨砚峰、李宇：《技术创新的企业规模效应与规模结构研究——以辽宁装备制造业为例》，《中国软科学》2009 年第 2 期。

③ 刘秀玲：《以跨国技术并购提升辽宁装备制造业竞争力》，《经济问题探索》2007 年第 8 期。

④ 刘秀玲：《跨国技术并购与辽宁省装备制造业竞争力提升》，《沈阳工业大学学报》2009 年第 1 期。

备制造业、计算机及其他电子设备制造业三大行业具有相对劣势。① 运用主成分分析法也得到了类似结论的还有张洋（2006）和魏亚男（2009）。徐斌（2008）通过对中国装备制造业的纵向和横向比较以及国际竞争进行分析，认为中国装备制造业竞争优势不明显。在对中国装备制造业竞争力进行评价的基础上，提出提升其竞争力的战略构想，同时，提出了中国装备制造业发展战略实施步骤。② 王福君（2008）指出，装备制造业是制造劳动资料即劳动手段的产业，其内部结构升级与三大产业间升级以及工业结构升级有明显的不同，并设计了装备制造业内部结构升级测度指标体系，在此基础上分析和评价了中国装备制造业内部结构升级程度。进而指出，中国装备制造业技术创新不足，竞争力较弱；资产存量较大，但技术装备水平低，资产运行效益较差；高素质技术工人缺乏，劳动力结构变动带有一定的市场波动性；装备制造业深加工度不高，先进成套设备和中游产业薄弱。③

第四节　本书分析视角、方法和框架

一　研究的理论价值与现实意义

前沿性：本书将新制度经济学的研究成果，即诺贝尔经济学奖获得者赫维兹的机制设计理论，结合当前中国经济新常态背景下作为新兴产业的装备制造业如何创新发展并促进传统制造业转型升级的具体约束条件来研究提高中国装备制造业竞争力，可以说是用最前沿的理论研究最前沿的问题。一是具有开拓性。在新制度经济学视角下研究提高装备制造业竞争力问题。将规范和质的分析与实证和量的分析相结合，实现理论和实践的统一。二是具有针对性。本书在2014年中央经济工作会议背景下进行，针对特定的时代背景，针对装备制造业振兴存在的特定问题和发展"瓶颈"提出解决的方法和对策。

① 王青、刘美泽：《辽宁装备制造业与国内同行业竞争力比较分析》，《社会科学辑刊》2008年第4期。
② 徐斌：《辽宁省装备制造业竞争力评价与提升战略》，《辽东学院学报》2008年第1期。
③ 王福君：《装备制造业内部结构升级的测度指标体系研究——兼评辽宁装备制造业内部结构升级程度》，《财经问题研究》2008年第10期。

学术价值在于：首先，从企业管理、产业经济学等角度来探讨中国装备制造业发展问题的文献可以说是屡见不鲜的。中国期刊网上仅1999—2015年6月就有1204条有效文献。但是，从新制度经济学视角来探讨该问题的有效文献却少之又少。毫无疑问，本书将丰富相关理论研究，促进交叉学科的发展。其次，装备制造业作为中国经济的一个缩影，提高其竞争力是中国渐进式经济改革的一部分。本书一方面从学理上探讨经济新常态下的结构转型和产业升级问题；另一方面为转轨经济学学科提供了经典的研究案例。

实践意义在于：装备制造业是为国民经济各行业提供技术装备的战略性产业，关联度高、吸纳就业能力强、技术资金密集，是产业升级、技术进步的重要保障和国家综合实力的集中体现。过去我们忽略了制度因素，在零交易成本的前提假设下分析中国装备制造业竞争力，现在提出在新制度经济学视角下，考虑制度因素在其中的重要作用，来制定新的对策。这种转变的直接原因是零交易成本的假设与现实不符而导致对策不能完全有效，深层的原因是，在不合理的前提假设下的对策将会使改革多年来的成果毁于一旦。失去了利用国际市场低迷而缩小与发达国家产业差距的最好时机。就此而言，本书的研究在实践上更能有效提升中国装备制造业的竞争力，将取得重大的经济效益，并对党和政府相关决策具有参考价值。

二 研究路径及目标

（一）借鉴已有研究基础，侧重于从新制度经济学的视角，研究制约中国装备制造业竞争力提高的原因

对正式制度的耦合性进行分析，结合诺贝尔经济学奖获得者赫维兹的机制设计理论的基本原理，对现有装备制造业制度的变迁进行干预。资源的有效配置、信息的有效利用以及激励相容三个问题是提高中国装备制造业竞争力宏观制度设计的基本要求。资源有效配置通常采用帕累托最优标准，有效利用信息要求机制运行需要尽可能低的信息成本，激励相容要求个人理性和集体理性一致。这样，问题就变成是研究什么样的制度能同时满足以上三个要求。本书试图在此方面有所突破。同时，设计研究有助于发现由中国制造向中国创造转型的一般规律和有效途径。装备制造业发展与中国由世界制造业基地向世界制造业中心转变是一个互动的过程。本书抓住中国装备制造业竞争力的关键矛盾，实现产业链升级，进而推动中国经济的全面发展。

（二）研究国家装备制造业振兴规划等实施效果评价

2011 年国家装备制造业发展规划实施已经四年，实施效果到底如何？国家对装备制造业的发展特别是中国装备制造业的发展非常重视，希望中国在金融危机中能够站出来，维持经济的持续增长和就业等社会稳定。如何利用国家的政策来实现中国装备制造业的发展？装备制造业直接向其他产业提供技术手段和设备，其技术水平直接影响整个制造业的增长速度和质量。对中国在新一轮发展中占据有利位置，更好应对高科技时代的激烈竞争，加快中国经济发展步伐具有重要意义。金融危机爆发以来，国家有很多大动作，包括启动四万亿元的资金救市。这同样给了中国装备制造业发展提供了好机会。虽然我国的经济运行主要是靠市场来调节，但是，政策对经济运行和产业发展的影响仍然非常大。目前的国家政策对产业发展主要都是利好的，因此如何利用就是关键。利用国家政策来实现中国装备制造业的全面复兴也是本书的一个重要的研究目的。

（三）研究成果为国家装备制造业的发展规划提供参考

我国经济产业结构调整缓慢，新兴产业比重过低；体制、机制障碍突出，改革亟待突破；对外开放力度不大；国有经济比重过高，民营经济发展不足等问题是许多省份共同存在的问题。同样都是历史上非常重要的装备制造业生产基地，装备制造业发展同样面对着许多相同的问题。产业大而不强、自主创新能力薄弱、基础制造水平落后、低水平重复建设、自主创新产品推广应用困难等问题依然突出。同时，受国际金融危机影响，2008 年下半年以来，国内外市场装备需求急剧萎缩，我国装备制造业持续多年的高速增长势头明显趋缓，企业生产经营困难、经济效益下滑，可持续发展面临挑战。相关省份目前正处于扩大内需、加快基础设施建设和产业转型升级的关键时期，对先进装备有着巨大的市场需求；金融危机加快了世界产业格局的调整，为这些提供了参与产业再分工的机遇，装备制造业发展的基本面没有改变。必须采取有效措施，抓住机遇，加快产业结构调整，推动产业优化升级，加强技术创新，促进装备制造业持续稳定发展，为经济平稳较快发展做出贡献。所以，从这个意义上说，中国装备制造业竞争力提升的研究对于我国很多省份都有重要意义。

（四）丰富新制度经济学、产业经济学、企业管理等学科的相关内容和理论

对于装备制造业的数理研究屡见不鲜。从产业经济学、企业管理等学

科角度的研究也非常完善，而从新制度经济学视角来研究会丰富学科的相关理论和内容。当前，中国装备制造业的发展已经进入关键阶段，产品附加值低、配套能力差、产业集群程度低、产业链条短、产品技术含量低、国有企业比重过大等问题正深刻地影响着其竞争力。"次贷危机"引发的市场萎缩又对其提出了新的挑战。"拐点灾难性"的论断（经济发展速度增长的峰值和谷值通常被称为"拐点"）和"福利经济学第一定理"（市场竞争的一切结果都是帕累托最优的）使人们面对瞬息万变的经济形势无所适从。然而现代经济学分析日趋抽象，数理经济学和计量经济学等充斥着科学主义的观点占据了话语霸权，制度被假定为完善的和对经济绩效无摩擦的，由此设计出的提高装备制造业竞争力的方法忽略了市场，确切地说，是忽略了支配交换过程的制度安排。长此以往，只会不断加深理论和现实的裂痕。事实上，制度对于经济绩效的提高是重要的这一观点已经被越来越多的事实所证明。提高装备制造业的竞争力需要从现实出发构建与理想状态相配合的制度体系。在装备制造业竞争力和新制度经济学的研究中，一般很少将二者有机地结合起来。国内对装备制造业的研究过于偏重规范和质的分析，而国外对新制度经济学的研究则偏重实证和量的分析。本书试图做一些这方面的基础研究，来丰富相关的学科。

三 新制度经济学的研究方法

制度是重要的，因为它是经济增长的源泉，这不仅是新制度经济学的一个基本问题，其真实性也为我国改革开放发展的实践所证明。虽然中国改革开放进行了30多年，并且取得了辉煌成就，但是中国仍然处在经济体制转轨时期，所以对中国经济的运行规律仍然需要更多的认识和发现。用新制度经济学来研究制度演化规律，对当今中国的经济发展有很强的解释力。科斯1960年10月在《法学与经济学杂志》上发表的《社会成本问题》一文是新制度经济学的开篇巨作。20世纪90年代初期，中国经济改革开放的步伐加快，诺贝尔经济学奖又两次授予新制度经济学家，因此中国的新制度经济学研究如火如荼。新制度经济学的兴起，把被长期搁置的制度研究又纳入经济学家的研究视野中来，为经济分析提供了新鲜有力的理论工具，被广泛运用于经济现实和经济发展史的研究中。新制度经济学之所以有别于其他经济学而成为一门新的学科，关键不取决于它的研究对象，而是它的分析方法。① 新制度经济学的方法论问题近年来也是学界研究的一个热点，国内外很多学者进行了相关研究，并且取得了一批成果。和旧制度主义者一样，新制度主义者也是从批判流行经济理论"过于抽象"入手，但降低抽象程度意味着要完全或在很大程度上放弃建立在确定性和无限理性基础之上的古典和新古典理论的基本假设。放弃这一基本假设的方法论意义无论是从整体上来说，还是从局部上说都是巨大的。② 本书首先分析新制度经济学研究方法与古典经济学的关系，然后讨论新制度经济学研究方法的特点，最后对新制度经济学与马克思主义经济学进行比较。

（一）新制度经济学研究方法与古典经济学研究方法的关系

诺思指出："我们应注意不断地把传统正规新古典价格理论与我们的制度理论结合起来。我们的最终目的不是试图去替代新古典理论，我们的目的是使制度经济学成为对人类更有用的理论。这就意味着新古典理论中对我们有用的部分——特别是作为一套强有力分析工具的价格理论应与我们正在构建的制度理论很好地结合在一起。"③ 新制度经济学是在批判新古典经济学基础上产生的，但这种批判并非全盘否定，而是在批判的基础上加以继承、发展和扬弃。④ 新古典经济学的基础是一些有关理性和信息的苛刻假设，它假设制度是既定的，更多地关注经济的效率而忽略了经济制度对经济绩效的影响。思拉恩·埃格特森指出，被新古典经济学忽略的三个领域：①各种可供选用的社会法规和经济组织如何影响经济行为、资源配置和均衡结果？②在同样法律制度下，经济组织的形式为什么会使经济行为发生变化？③控制生产与交换的基本社会与政治规则背后的逻辑是什么？它们是如何变化的？⑤ 而这些问题恰恰是新制度经济学研究的重点。威廉姆森认为，新制度经济学的研究方法从本质上说是和微观经济学一致的。新制度经济学在一些方面对古典经济学进行了继承，但是新制度

① 李怀、邵慰：《新制度经济学的研究方法解析》，《经济纵横》2009年第3期。
② ［英］特伦斯·W.哈奇森：《新旧制度主义经济学》，载菲吕博顿等编《新制度经济学》，孙经炜译，上海财经大学出版社2007年版，第48页。
③ ［美］诺思：《对制度的理解》，载科斯等《制度、契约与组织》，刘刚等译，经济科学出版社2003年版，第17页。
④ 袁庆明：《新制度经济学》，中国发展出版社2005年版，第9页。
⑤ ［冰岛］思拉恩·埃格特森：《经济行为与制度》，吴经邦等译，商务印书馆2007年版，第58—71页。

经济学的"新"也表明在方法论上有所突破。新制度经济学有如下特征：①新制度经济学给出了充分假设——制度有深刻的效率因素。②资本主义经济制度的重要性不仅在于技术本质，也在于其独特的管理方式和结构。后者带来了不同组织类型中信息传递和激励的区别。③新制度经济学使用的比较方法是两种可行形式之间的比较，而不是将可行形式与抽象无摩擦形式进行比较。总之，新制度经济学和古典经济学的关系可以表述为：新制度经济学是在把制度作为内生变量的条件下，用古典经济学方法去分析制度问题，是对古典经济学关于制度变量假设部分的进一步研究。

（二）新制度经济学研究方法的特点

新制度经济学流派在研究和发展过程中逐步形成了制度分析的路径和传统。新制度经济学更注重从生活的实际问题出发，通过对现实生活的详细考察，寻求解决问题的答案。这些传统无疑成为正在形成的新制度经济学的有益成分。它们包括：

1. 重视制度对经济绩效的影响

以经济制度的产生、变迁及其作用为主要研究对象。交易费用的存在必然会对制度结构以及人们具体的经济选择行为产生影响。显然制度的产生和使用需要投入真实的资源，这里就不可避免地涉及交易费用，然而，这样显而易见的问题却经历了很长时间才被认识到。不仅是古典经济学和新古典经济学，即使是它们的批评者也都想当然地把这些制度和交易费用看成黑箱或无摩擦状态。这与其在经济研究过程中舍弃制度变量紧密相关。

2. 试图从文化、心理、历史、法律的角度寻找制度产生的原因和存在的基础

制度的一种产生方式是通过人类的长期经验形成的。当一种经验或习俗被足够多的人采用时，这种规则就会逐渐变成一种传统并被长期保持下去，锁定为一种行为方式或传统习俗。因此，在日常生活中占有重要地位的规则多数是在社会中通过一种渐进式反馈和调整的演化过程发展起来的。并且，多种制度的特有内容都将渐进地循着一条稳定的路径演变。我们称这样的规则为"内在制度"。① 凡勃仑把制度形成的基础归于思想和习惯，"制度实质上就是个人或社会对有关的某些关联或某些作用的一般

---

① ［德］柯武钢、史漫飞：《制度经济学》，韩朝华译，商务印书馆 2004 年版，第 36 页。

思想习惯"，而思想习惯又是从人类本能产生的。加尔布雷思则认为，现实的"经济制度"（私有制、货币、商业、利润等）只不过是心理现象（风俗、习惯、伦理、道德）的反映和体现，起决定作用的是法律关系、人们的心理以及其他非经济因素。注重对包括习惯、思想在内的内在制度的研究是新制度经济学的鲜明特点。

3. 新制度经济学一个重要特点是经验和案例的研究，或是运用"讲故事"的方法

在新制度经济学研究中，案例研究非常普遍。案例研究对于经济现象的解释具有重要的价值，同时，对于制度变迁路径依赖问题的研究，必须注意这样的事实，即小概率事件可能使制度变迁的路径依赖发生改变。在新制度经济学的研究中非常关注"微观"问题，同时将个案研究提升到"一般化"的层次。阿尔斯通指出："借助关于制度的理论知识和现有成果、案例研究方法常常是推动我们积累关于制度变革理论知识的唯一方法。"[①]

（三）新制度经济学的理论基准和理论工具

理论基准指理想状态下的标准经济学模型，它产生理想的结果。理论基准是一面镜子，让你看到各种理论模型或现实经济制度与理想状态之间的距离。理论基准提供了有用的参照系，以同一平面上两条直线的位置关系为例。初中平面几何中的若干定理被我们认为是唯一正确的法则，这些定理的反面我们认为是谬误。当我们被问到同一平面内两条直线的位置关系如何时，我们耳熟能详的答案是平行或相交。这是初中几何教科书里学过的内容。不过在学这个定理之前我们先学了四个公理。公理是经过人类长期反复的实践检验证明了的，不需要再由其他判断加以证明的命题和原理。在这四个公理基础上推导出上面的结论，这些公理就是我们的理论基准。如果将此公理的前提假设全部反着说一遍，就会得出不同的公理体系。在新的公理体系基础上我们推导出：同一平面上两条直线的位置关系有平行、相交或相离三种，即不平行也不相交的叫相离。两个完全不同的结论甚至相反，却同样是正确的，因为它们是基于不同的理论基准得出的结论。我们初中学习的几何理论基准是欧几里得几何学，而刚刚讨论的几

---

① ［美］阿尔斯通：《制度经济学的经验研究：一个概述》，载诺思等《制度变革的经验研究》，罗仲伟译，经济科学出版社 2003 年版，第 35 页。

何理论基准是罗巴切夫斯基几何学。① 这个例子给予我们深刻启示：一是学不好哲学和方法论，什么学科也学不好；二是理论基准的重要性。借此我们来讨论一下与制度有关的理论基准。② 新制度经济学最重要的理论基准就是科斯定理。科斯定理是以诺贝尔经济学奖得主罗纳德·科斯的名字命名的，其核心思想是交易成本。在《新帕尔格雷夫经济学大词典》中，罗伯特·D. 库特对"科斯定理"做出如下解释："从强调交易成本解释的角度说，科斯定理可以描述如下：只要交易成本等于零，法定权利（即产权）的初始配置并不影响效率。"科斯定理是指导我们认识产权功能的理论基准。科斯定理说明，在交易成本为零的条件下，就所有制来说，无论它是国有或非国有，谁拥有财产同效益并不相关。而在现实生活中，产权的所有是同效益密切相关的。科斯定理的力量在于，它指导我们寻找答案的路径：究竟是现实生活中的什么因素与科斯定理的前提假设恰恰相反，导致产权与效益无关。

新制度经济学的理论工具是交易费用理论，交易费用理论是整个现代产权理论大厦的基础。1937 年，著名经济学家罗纳德·科斯（Ronald Coase）在《企业的性质》一文中首次提出交易费用理论。该理论认为，企业和市场是两种可以相互替代的资源配置机制。由于存在有限理性、机会主义、不确定性与小数目等条件，使得市场交易费用高昂。为节约交易费用，企业作为代替市场的新型交易形式应运而生。交易费用决定了企业的存在，企业采取不同组织方式的最终目的也是节约交易费用。③ 市场和企业是两种不同的组织劳动和分工的方式（即两种不同的"交易"方式），企业产生的原因是企业组织劳动和分工的交易费用低于市场组织劳动和分工的费用。一方面，企业作为一种交易形式，可以把若干个生产要素的所有者和产品的所有者组成一个单位参加市场交易，从而减少交易者的数目和交易中的摩擦，因而降低了交易成本；另一方面，在企业之内市场交易被取消了，伴随着市场交易的复杂结构被企业家所替代，企业家指

---

① ［俄］罗巴切夫斯基、库图佐夫：《罗巴切夫斯基几何学及几何基础概要》，本书编译组译，哈尔滨工业大学出版社 2012 年版，第 12—14 页。
② 钱颖一、林毅夫、许成钢等经济学者都在这方面做过不同的论述。
③ ［美］威廉姆森：《企业的性质——起源、演变和发展》，姚海鑫等译，商务印书馆 2007 年版，第 29 页。

挥生产，因此，企业替代了市场。① 由此可见，无论是企业内部交易还是市场交易，都存在不同的交易费用；而企业替代市场是因为通过企业交易而形成的交易费用比通过市场交易而形成的交易费用低。所谓交易费用是指企业用于寻找交易对象、订立合同、执行交易、洽谈交易、监督交易等方面的费用与支出，主要由搜索成本、谈判成本、签约成本与监督成本等构成。企业运用收购、兼并、重组等资本运营方式，可以将市场内部化，消除由于市场的不确定性所带来的风险，从而降低交易费用。科斯的这一思想为产权理论奠定了坚实的基础，但科斯的思想在很长时间一直被理论界所忽视，直到 20 世纪 60 年代才引起经济学家们的广泛重视。尽管交易费用理论还很不完善，存在很多可以改进之处，但交易费用这一思想的提出，改变了经济学的传统面目，给呆板的经济学增添了新的活力，并更具有现实性。它打破了（新）古典经济学建立在虚假假设之上的完美经济学体系一统天下的局面，为经济学研究开辟了新的分析视角和新的研究领域。它的意义不仅在于使经济学更加完善，而且这一思想的提出，改变了人们的传统观念。正如科斯本人所说："认为《企业的性质》的发表对经济学的最重要后果就是引起人们重视企业在现代经济中的重要作用那就错了。在我看来，人们极有可能产生这种想法。我认为这篇文章在后来会被视为重要贡献的是将交易成本明确地引入了经济分析。"② 也许，该理论目前应用于现实生活中还有距离，但不能因此而否定其对经济理论的巨大创新意义。

（四）新制度经济学与马克思主义经济学方法论的比较分析

新制度经济学与马克思主义经济学方法论上的区别在于：前者采用微观、个体主义、历史分析的研究方法；后者采用宏观、整体主义的研究方法。前者以科斯定理和交易费用为理论基准，后者以劳动价值论和剩余价值理论为参照系。新制度经济学的基本方法论是以个人主义、功利主义和自由主义为主。个人主义的方法论意味着所有的经济绩效最后必须由个人行为来解释。新制度经济学派对古典以来的主流经济学的"经济人"的假定予以继承，而不同意其理性人的假定，在现实世界中由于人所处的经济制度环境的复杂性以及人自身能力的限制性，信息是稀缺资源，因此总

---

① ［美］威廉姆森：《企业的性质——起源、演变和发展》，姚海鑫等译，商务印书馆 2007 年版，第 72 页。

② 同上书，第 303 页。

有意识地想把事情做得最好的人可能会导致：想达到理性意识，但又是有限的。所以，经济人行为的有限理性就成为新制度经济学的第二个基本假定。在其基本假定之后，他们仍然继承了古典的个人主义方法，同时不可避免地使用与这一方法论相一致的经济学概念和分析方法。新制度经济学对新古典经济学关于人的理性和人所面对环境的理想化假定作了更加切合现实的修正，并借助交易费用概念论证了在存在交易费用的现实世界里产权制度与资源配置效率之间的相关性，得出了经济人活动其中的市场制度有改进的必要，而不能被理想化和永恒化的结论。① 其对市场现实分析得出的产权理论，成为支撑其整个制度变迁理论大厦的一个基石。但是，其整个学说仍然是建立在斯密功利主义、个人主义和自由主义等经济人命题之上的，其研究方法根本上仍然是新古典主义的。② 马克思主义经济学的制度理论以辩证唯物主义和历史唯物主义为基本方法论，把人类社会发展的历史看成是一个自然发展的、不以人的主观意志为转移的客观过程，它既阐明了经济发展过程中制度的产生、发展及变迁，揭示了制度的动态性、历史性及其演变规律，又从生产力和生产关系角度阐释了制度创新与技术进步、生产力发展之间的辩证关系。既分析了微观层面的制度，又分析了宏观层面的制度及其相互关系，体现了宏观与微观、抽象与具体的辩证统一。在理论分析中，坚持了从具体到抽象、再从抽象到具体的逻辑演绎分析方法。在理论和史实分析中，坚持了逻辑与历史相统一的分析方法。马克思制度经济学的理论背景是他的社会历史哲学观。马克思的社会系统观、结构观、发展观、动力观和社会经济形态的演化观，为其制度研究提供了有力的哲学工具，使其制度经济学形成了一个系统的动态的宏观的理论体系。在某种意义上可以说，马克思的制度经济学是其社会历史哲学的实证应用。

新制度经济学与马克思主义经济学方法论上的相似处在于：

第一，都注重逻辑分析与历史分析相结合，都对制度进行了系统的结构分析。新制度经济学家、诺贝尔经济学奖获得者诺思曾经说过："在详细描述长期变迁的各种现存理论中，马克思的分析框架是最有说服力的，

---

① 赵波、冉宏伟：《马克思制度经济学与新制度经济学之比较》，《河北经贸大学学报》2005 年第 1 期。

② 王小映：《马克思主义与新制度经济学制度变迁理论的比较》，《中国农村观察》2001 年第 4 期。

这恰恰是因为它包括了新古典分析框架所遗漏的所有因素：制度、产权、国家和意识形态。马克思强调在有效率的经济组织中产权的重要性，以及在现有的产权制度与新技术的生产力之间产生的不适应性。这是一个根本性的贡献。"① 诺思的制度变迁理论明显受到马克思主义经济学基本方法论的影响，主要表现在新制度经济学把制度作为分析对象，分析制度的产生、发展和变迁，提出制度的动态性和历史性，这是借鉴了马克思主义经济学对人类社会经济制度产生、演变规律的分析。②

第二，都强调了制度在社会和经济发展中的作用。马克思定义的"制度"即经济关系及树立其上的上层建筑，它的变更不是人自由意志选择的结果，而是生产力发展的客观要求，它有自身的运动规律，不以人的主观意志为转移。但制度对生产力有反作用，与之相适应的制度安排能够极大促进生产力发展及社会进步；反之，则阻碍发展。新制度经济学则认为，制度在社会和经济发展中起决定作用。在 1971 年发表的《制度变迁与经济增长》一文中，诺思明确提出了制度变迁对经济增长十分重要的观点。他说"制度安排的发展才是主要的改善生产效率和要素市场的历史原因"。在 1973 年出版的《西方世界的兴起》中进一步指出："有效率的经济组织是经济增长的关键。有效率的组织需要在制度上做出安排和确立所有权以便造成一种刺激，将个人的经济努力变成私人收益率接近社会收益率的活动。"也就是说，新制度经济学更强调制度的决定性作用。按照新制度经济学的观点：技术创新、规模经济、教育、资本积累等各种因素都不是经济增长的根本原因，它们不过是由制度创新所引起的某些变化，以及这些变化最终推动经济增长的表现而已，对经济增长起决定作用的只有制度因素。

（五）研究方法小结

本章讨论了新制度经济学的基本研究方法，并且将其与马克思主义经济学的研究方法进行了比较。新制度经济学方法论的意义在于，它彻底改变了人们思考经济组织的方式。从这个层面上说，有观点把新制度经济学与宏观经济学、微观经济学并立称为三大经济学也并不为过。以科斯理论为核心的新制度经济学对经济学研究产生了巨大和深远影响，弥补了

---

① ［美］诺思：《经济史中的结构与变迁》，陈郁等译，生活·读书·新知三联书店1994年版，第68页。

② 孙圣民：《制度变迁理论的比较与综合》，《中南财经政法大学学报》2006年第3期。

（新）古典经济学研究问题过于抽象和越来越脱离现实生活的不足，并且比任何其他经济学更能有效地解决人类面临的问题。新制度经济学的方法对我们分析经济活动和解释为什么经济活动的绩效存在明显差异具有巨大意义。

在马克思主义经典作家看来，不同的人、不同的人种之间不存在根本的差别，即使是在不同类型的社会里，也都大体上遵循着人类社会进化与发展的一般规律。发达国家的今天可能就是落后国家的明天。任何社会或国家都无法逃脱这一历史发展规律的制约，否则，逆历史发展潮流而动，就会付出高昂的代价。人类社会的发展史早已证明了这一点。按照人类社会发展规律的客观要求，我们既不能完全机械照抄照搬发达国家的经验，也不能视别人的成功为异类，拒绝发达国家的有益经验，不认真吸取人家的反面教训；既不能完全照搬西方的发展模式，也不能放弃人类通行的成功路径不走，而要认真地琢磨无人走过的千古绝路；既不能照抄照搬书本知识，也不能放弃人类通向历史未来的天桥。作为一个发展中国家，我们既没有理由拒绝发达国家的成功经验，更没有理由以所谓的"民族特色"来拒绝人类社会几千年文明史浓缩的思想精华。在中国政治体制改革没有赶上经济体制改革的步伐之前，我们付出的试错成本已经过高。最近面对世界范围内的金融危机，国内不少企业在地方政府的主导下进行合并或重组。由于管理收益递减的原因，所以由市场决定的企业规模是有限的。这种合并或重组的"造大船"运动是否能取得理想效果，从新制度经济学的视角来看，这取决于是市场的交易成本高还是企业内部运营和管理的成本高。现在简单地给出结论未免过于武断。可以说，上述类似问题，在中国改革的实践中还会遇到很多，于是，利用新制度经济学的研究方法来认识经济发展的规律就具有特别重要的意义。与其说当前制度经济学者要做的是中国制度转型过程中的制度设计研究，莫不如说中国制度转型过程中更需要制度经济学者踏踏实实做一些基础理论研究，然后再运用这些基础理论上的研究成果，来对中国社会和制度转型进行分析、验证和预测。

第二章 旧常态下的中国装备制造业竞争力

第一节 数据及相关讨论

装备制造业是我国国民经济的重要支柱产业,是各行各业产业升级、技术进步的重要保障,其创新升级是建设创新型国家的重要内容。[1] 装备制造业为各行各业提供了生产必需的设备和零部件,使生产要素向科技含量高、效益好的部门聚集,降低了生产成本,极大地推动了其他产业的发展,具有极强的带动效应。[2] 其在我国经济发展中的显著地位和重要作用不仅得到社会各界承认,也被中国市场经济发展的实践所证明。我国装备制造业近年来得到了快速的发展。2003—2011 年,我国装备制造业规模以上企业的生产总值从 57890 亿元增加到 276599 亿元,平均每年以 40% 以上的幅度增长。分行业看,金属制品业规模以上企业生产总值从 2003 年的 3606.21 亿元增加到 2011 年的 23350.81 亿元;通用设备制造业从 5636.86 亿元增长到 40992.55 亿元;专用设备制造业从 3645.31 亿元增长到 26149.13 亿元;交通运输设备制造业从 11935.14 亿元增长到 63251.30 亿元;电气机械及器材制造业从 9026.20 亿元增长到 51426.42 亿元;通信设备、计算机及其他电子设备制造业从 22385.86 亿元增长到 63795.65 亿元;仪器仪表及文化、办公用机械制造业从 1654.60 亿元增长到

---

① 牟绍波等:《开放式创新视角下装备制造业创新升级研究》,《经济体制改革》2013 年第 1 期。

② 邵慰:《中国装备制造业竞争力提升策略研究》,《中国科技论坛》2012 年第 2 期。

7633.01 亿元。① 仅从增长的绝对值来看，并不能判断其发展质量。中国装备制造业竞争力究竟如何，分行业发展趋势如何等问题的研究是非常必要的。厘清这些问题不仅有助于明晰今后重点发展的领域，选择创新的突破口，增强宏观经济政策的有效性，同时也有助于我国企业在新一轮全球产业转移过程中，争取到更大的发展战略空间，从而确保在新的一轮产业分工链上占据一个有利的位置。

虽然装备制造业竞争力一直是学术界关注的焦点问题，但是迄今为止鲜有文献关注不同分行业之间的差异性，导致政策建议虽然听起来很有道理，但是有效性却不理想。已有文献主要集中在研究装备制造业技术创新和促进经济增长等方面。周叔莲等（1984）认为，发展新兴产业是实现产业结构现代化的需要，是改造传统产业的需要，也是提高经济效益的需要。要利用新兴产业的发展来推动传统产业的发展。② 唐晓华、李绍东（2010）对中国装备制造业与经济增长进行了实证研究。指出装备制造业各部门对 GDP 的贡献逐年增大而且较稳定，对经济增长的贡献差异较大并存在一定的波动性。装备制造业各部门的影响力系数远高于国民经济的平均水平。③ 韩晶（2009）指出，模块化分工下中国装备制造业自主创新能力与世界先进水平还有不小差距，装备制造业自主创新受制于跨国公司强大的买方势力和自身创新体系的欠缺。为此，装备制造业自主创新的突破应主要关注创新网络的建立和创新环境的优化。④ 郭晓丹、何文韬、肖兴志（2011）提出在高端装备制造业等战略性新兴产业中，掌握核心技术是关键，但是，由于该产业的技术研发活动不但风险高而且具有严重的外部性问题，这就使得企业可能缺乏研发创新的积极性。所以，他们重点研究政府补贴作为调节这一矛盾问题的有效政策工具的作用机理及对策。⑤ 王清剑、李金华（2013）提出，国家要依托大型国有中央企业或已

① 本章数据如无特殊说明，均根据《中国统计年鉴》、《中国工业经济统计年鉴》和《中国科技统计年鉴》数据整理而得。

② 周叔莲、裴叔平：《试论新兴产业和传统产业的关系》，《经济研究》1984 年第 5 期。

③ 唐晓华、李绍东：《中国装备制造业与经济增长实证研究》，《中国工业经济》2010 年第 11 期。

④ 韩晶：《基于模块化的中国装备制造业自主创新的制约与突破》，《科学学与科学技术管理》2009 年第 12 期。

⑤ 郭晓丹等：《战略性新兴产业的政府补贴、额外行为与研发活动变动》，《宏观经济研究》2011 年第 11 期。

初具国际竞争力的企业，与国际同行展开技术合作和技术竞争，促成国内企业迅速掌握行业内重要产品的核心技术或关键技术，控制和引领该行业的生产和发展方向。① 孙早、张敏、刘文璨（2010）指出，后发国家应利用机遇迅速累积高技术研发与应用的经验，缩小与工业化大国的技术差距，抓住新全球价值链未完全形成的有利时机，培育跻身全球价值链高端环节的新生力量。② 这些文献反映了学术界对装备制造业竞争力提升关键要素的不同理解，但是无一例外都将装备制造业作为一个整体进行研究。

随着经济形势倒逼转型升级的迫切要求，为制造业转型升级提供设备支撑的装备制造业发展备受关注，公众对基于证据的政策绩效提出了更高要求，装备制造业分行业研究变得更加重要。本章考察的时间跨度为2003—2011 年，样本为《中国统计年鉴》、《中国工业经济统计年鉴》和《中国科技统计年鉴》等年鉴中包含的装备制造业分行业的数据，样本截面为统计中装备制造业细分的七类指标，应用 SPSS17.0 软件对上面的面板数据进行处理，采用因子分析等方法进行分析，考察变量之间的相互影响，为政府产业政策的制定提供建议和参考。

第二节　测度指标体系构建

科学测度分行业竞争力的基础是指标体系的构建，这些指标不仅需要能够全面反映各行业竞争力，还需要数据能够准确获得。因此，考虑数据的可靠性、指标的全面性、科学性及研究的可行性等原则，参考和改进了姚晓芳（2010）等设计的产业竞争力评价指标体系③，从装备制造业综合竞争力因子和装备制造业生产效率因子两方面构建了测度指标体系（见表 2 - 1）。

---

① 王清剑、李金华：《中国制造业国际竞争力与政策支撑研究》，《财经论丛》2013 年第 9 期。

② 孙早等：《后危机时代的大国产业战略与新兴战略产业的发展》，《经济学家》2010 年第 9 期。

③ 姚晓芳等：《基于主成分分析的合肥市装备制造业竞争力评价和对策研究》，《中国科技论坛》2010 年第 9 期。

表2–1 装备制造业竞争力分行业测度指标体系

目标层	二级指标	三级指标
装备制造业竞争力分行业测度指标体系	装备制造业综合竞争力因子（X_1）	人均产值（X_{11}）
		研发经费支出（X_{12}）
		总资产（X_{13}）
		主营业务收入（X_{14}）
		总利润（X_{15}）
		工业销售额（X_{16}）
	装备制造业生产效率因子（X_2）	单位产值能耗（X_{21}）
		外商直接投资（X_{22}）
		出口交货值（X_{23}）
		研发人员当量（X_{24}）
		有效专利数（X_{25}）

人均产值（X_{11}），由工业企业总产值和年平均从业人员指标计算得出。研发经费支出（X_{12}）、研发人员当量（X_{24}）和有效专利数（X_{25}）可从统计年鉴中直接获得数据。总资产（X_{13}），由中国工业经济统计年鉴中资产总计和总资产贡献率两个指标获取。主营业务收入（X_{14}），由主营业务收入、主营业务成本和主营业务税金及其他三个指标获取。总利润（X_{15}），由利润总额指标获取。工业销售额（X_{16}），通过工业企业总产值和产品销售率两个指标计算得出。单位产值能耗（X_{21}），通过工业企业能源消费总量和工业企业总产值指标计算得出。其中，工业企业总产值指标2004年、2005年来源为《中国科技统计年鉴》，其他年份数据来源于《中国工业经济统计年鉴》。外商直接投资（X_{22}）和出口交货值（X_{23}）可从统计年鉴中直接获取。研发人员当量（X_{24}）和有效专利数（X_{25}）两个指标2002年、2003年、2004年、2005年、2011年五年的数据来源于《中国工业经济统计年鉴》，其他年份来源于《中国科技统计年鉴》。以上所有的数据，统计年鉴的统计口径均为规模以上工业企业。

第三节 分行业竞争力因子分析

本书用因子分析来评价装备制造业中每个行业2003—2011年的综合

竞争力。因子分析前需要对其进行适用性检验，即 KMO 以及 Bartlett 的球形检验。KMO 统计量是用于比较变量之间线性相关系数矩阵和偏相关系数矩阵的指标，KMO 的取值在 0—1 之间，KMO 越接近于 1，意味着变量间的相关性越强，则越适合作为因子分析；反之，则不合适。一般来说，将 0.6 作为是否通过检验的分界线。本书的 KMO 测度值为 0.767 > 0.6，而 Bartlett 的球形检验近似卡方统计值为 1730.553，p 值为 0.000，说明相关系数矩阵不是单位阵，通过了因子分析的适用性检验。

表 2 - 2 　　　　　　　　　　**KMO 和 Bartlett 球形检验**

Kaiser – Meyer – Olkin 样本适用性测度		0.767
Bartlett 球形检验	近似卡方统计量	1730.553
	自由度	55
	p 值	0.000

表 2 - 3 　　　　　　　　　　**公因子方差分析**

	初始	提取
人均产值	1.000	0.818
研发经费支出	1.000	0.973
研发人员当量	1.000	0.959
外商直接投资	1.000	0.916
出口交货值	1.000	0.958
总资产	1.000	0.975
主营业务收入	1.000	0.972
总利润	1.000	0.971
工业销售额	1.000	0.979
单位产值能耗	1.000	0.568
有效专利数	1.000	0.820

提取方法：主成分分析。

公因子方差给出了从每个原始变量中提取的信息。公因子方差的提取值如下：人均产值（X_{11}）为 0.818；研发经费支出（X_{12}）为 0.973；总资产（X_{13}）为 0.975；主营业务收入（X_{14}）为 0.972；总利润（X_{15}）为

0.971；工业销售额（X_{16}）为 0.979；单位产值能耗（X_{21}）为 0.568；外商直接投资（X_{22}）为 0.916；出口交货值（X_{23}）为 0.958；研发人员当量（X_{24}）为 0.959；有效专利数（X_{25}）为 0.820。由得出的提取值数据可看出，除了单位产值能耗（X_{21}）信息损失较大外，主成分几乎包含各个原始变量至少80%以上的信息。根据上述分析做解释的总方差。

表 2 - 4　　　　　　　　　　　　解释的总方差

成分	初始特征值			提取平方和载入			旋转平方和载入		
	合计	方差百分比(%)	累积百分比(%)	合计	方差百分比(%)	累积百分比(%)	合计	方差百分比(%)	累积百分比(%)
1	8.736	79.422	79.422	8.736	79.422	79.422	5.370	48.818	48.818
2	1.171	10.645	90.067	1.171	10.645	90.067	4.537	41.249	90.067
3	0.607	5.517	95.584						
4	0.275	2.500	98.084						
5	0.106	0.964	99.048						
6	0.053	0.478	99.526						
7	0.026	0.235	99.761						
8	0.013	0.117	99.878						
9	0.009	0.084	99.962						
10	0.003	0.030	99.992						
11	0.001	0.008	100.000						

提取方法：主成分分析。

由表 2 - 4 可以看出，共有两个因子的因子特征值大于 1.000，其方差贡献率分别为 79.422% 和 10.645%。方差的累积贡献率达到 90.067%，即表明其可以反映原有信息的 90.067%（>85%）。然后再对因子做碎石图（见图 2 - 1）。碎石图显示前两个主成分的特征根大于1，从第三个主成分开始特征根偏低，然而特征根小于1，就可以看作前两个主成分

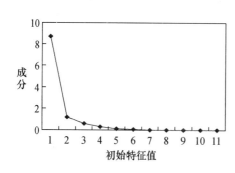

图 2 - 1　因子分析碎石图

能够概括绝大部分的信息。因此，选择前两个因子已经足够反映出装备制造业竞争力的总体水平。将这两个公因子作为评价装备制造业竞争力综合变量，提取前两个因子特征值计算相应各个指标因子在主成分的载荷。由于初始的因子载荷矩阵系数不明显，本书对因子载荷矩阵进行了旋转。如表2-5所示。

表2-5 旋转成分矩阵

	成分	
	1	2
人均产值	0.852	0.302
研发经费支出	0.753	0.637
研发人员当量	0.665	0.718
外商直接投资	0.487	0.823
出口交货值	0.164	0.965
总资产	0.908	0.388
主营业务收入	0.811	0.561
总利润	0.966	0.196
工业销售额	0.829	0.540
单位产值能耗	0.376	0.653
有效专利数	0.355	0.833

根据旋转后的因子载荷矩阵，对各因子分析如下：

第一因子，其中载荷较大的指标有人均产值、研发经费支出、总资产、主营业务收入、总利润、工业销售额，可以将其命名为"装备制造业综合竞争力因子"。

第二因子，其中载荷较大的指标有：研发人员当量、外商直接投资、出口交货值、单位产值能耗、有效专利数。可以将其命名为"装备制造业生产效率因子"。

依据各因子方差贡献率占总贡献率比重作为权重进行加权求和，从而得到2003—2011年装备制造业分行业竞争力综合得分：

$$F = (79.422 \times F_1 + 10.645 \times F_2)/90.067 \qquad (2-1)$$

上式中的 F_1、F_2 分别代表因子1、因子2的得分。通过上述公式计算得到的综合因子得分值 F，综合得分越高，则说明该行业综合竞争力越高；反之越低。根据式（2-1）可计算中国装备制造业分行业竞争力的综合得分，结果如表2-6所示，2003—2011年的分行业竞争力的发展趋势如图2-2所示。

表2-6　　2003—2011年各行业竞争力综合得分（标准化数据）

年份	2003	2004	2005	2006	2007	2008	2009	2010	2011
金属制品业	-0.9269	-0.9867	-0.9094	-0.6449	-0.4774	-0.2928	-0.1642	0.1109	0.4253
通用设备制造业	-0.7945	-0.7336	-0.6154	-0.3053	-0.0201	0.3191	0.5404	1.0255	1.4928
专用设备制造业	-0.9009	-0.8900	-0.8078	-0.5726	-0.3405	-0.1132	0.0850	0.4568	0.8405
交通运输设备制造业	-0.2985	-0.2642	-0.1818	0.1819	0.6791	1.0107	1.6797	2.6092	3.2566
电气机械及器材制造业	-0.6653	-0.6752	-0.5322	-0.2083	0.0650	0.4546	0.7193	1.2676	1.7255
通信设备、计算机及其他电子设备制造业	-0.1212	-0.2685	-0.1827	0.0492	0.1777	0.1951	0.3526	0.7064	0.8810
仪器仪表及文化、办公用机械制造业	-1.0314	-1.0749	-1.0220	-0.8993	-0.8219	-0.7727	-0.7161	-0.6029	-0.4724

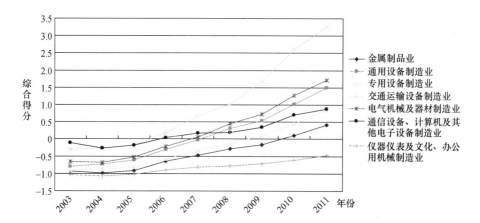

图2-2　装备制造业分行业竞争力综合得分

第四节　面板数据计量分析

被解释变量：工业产值（CC）

解释变量：总资产（ZC）、从业人数（RS）、R&D 经费支出（YF）、外商直接投资（FDI）、能源消耗（NH）

首先建立随机效应模型，得出计量结果（见表2－7）。根据计量的结果，对计量模型做进一步分析。

表2－7　　　　　　　　动态面板数据的计量结果

变量	相关性	标准差	统计量	概率
C	－6519.351	1716.485	－3.798081	0.0004
ZC	0.919094	0.131648	6.981435	0.0000
RS	13.20213	8.737912	1.510902	0.1363
YF	13.02409	6.590722	1.976126	0.0530
FDI	0.026503	1.568178	0.016901	0.9866
NH	2.291590	1.053169	2.175900	0.0337
随机影响（交叉）				
JS－－C	－68.43585			
TY－－C	－2772.437			
ZY－－C	－1081.958			
JT－－C	－5129.156			
DQ－－C	954.9645			
TX－－C	3525.543			
YQ－－C	4571.479			
影响说明				
			S.D.	Rho
随机交叉影响			2258.739	0.5585
随机特征性			2008.360	0.4415

权重统计			
R^2	0.970203	均值依赖	5734.086
调整的 R^2	0.967589	S. D. 依赖	12716.29
S. E. 回归	2289.316	总年方和	2.99E+08
统计量	371.1881	D. W. 估计	1.173661
概率（统计量）	0.000000		

第一，从业人数和外商直接投资不显著。从业人数和被解释变量即装备制造业的总产出之间并不显著表明，中国装备制造业的产出水平与就业人数关系不大。装备制造业作为资本密集型企业，劳动力投入并不能给竞争力的提高带来大的帮助。所以中国劳动力成本较低的优势对装备制造业竞争力影响不大。外商直接投资对中国装备制造业的产出水平影响也不大。这和我国企业行业的情况表现出显著的差异性。大部分的国民经济行业，外商直接投资都会显著地带来产出水平的提升和效率的提高，但是装备制造业的影响却不大。这表明，外商直接投资对技术实行保密，未将最先进的技术应用到中国，还是把中国当作是加工制造基地。

第二，总资产、能源消耗在5%显著性水平下显著。总资产规模对装备制造业产出的影响较大，总资产规模越大，产出也越大，表明装备制造业行业存在显著的规模经济特点，规模越大，经济性就表现越明显。而能耗越大，产出越大，表明我国的装备制造业目前的技术水平尚处于较低的层次，产出主要依靠能耗完成，在全国节能减排的大背景下，装备制造业需要进一步提高技术水平，降低能耗标准。

第三，R&D经费支出在10%显著性水平下显著。R&D经费投入越大，产出水平越高，这表明中国装备制造业需要进一步加大R&D的投入。但是，10%的显著性水平表明R&D经费的使用效率还需要进一步提高。

有随机效应模型之后，还要进行豪斯曼检验，检验是否需要建立固定效应模型（见表2-8）。检验结果显示，p值为0.0005，拒绝了随机误差项和解释变量不相关原假设，所以应建立随机效应模型。

表 2 - 8	豪斯曼检验结果		
检验概要	R^2 统计	R^2 d.f.	概率
随机交叉影响	22.063309	5	0.0005

第五节　计量结果及讨论

基于中国装备制造业分行业规模以上企业层面数据，本书借鉴和改进了姚晓芳（2010）等设计的产业竞争力评价指标体系，从装备制造业综合竞争力因子和装备制造业生产效率因子两方面构建了测度指标体系，量化了 2003—2011 年中国装备制造业分行业竞争力情况，并描述了其变化趋势，在此基础上进一步分析了其产生原因。[①]

实证分析结果表明：

第一，从整体上看，中国装备制造业分行业竞争力呈不断上升趋势，且上升幅度较大，反映出中国装备制造业竞争力得到了大幅提高。根据表 2 - 3 中的数据可进一步测算各行业综合竞争力的提升幅度：2003—2011 年，中国装备制造业分行业竞争力上升幅度基本都在 60% 以上，上升幅度最大的甚至达到了 300% 以上，即竞争力提高了 3 倍多。总体竞争力的增长速度和幅度都是比较平均的。2008 年 11 月，国家出台了"4 万亿元"救市计划。2009 年 5 月国务院出台了《装备制造业调整和振兴规划》，规划期为 2009—2011 年。该规划及后续的配套政策给装备制造业带来了财政、税收、融资等方面的大力支持。从理论或者经验上进行判断，装备制造业的竞争力应该得到大幅度的提升。可是，从竞争力提高的趋势上看，2003—2011 年，竞争力总体变化趋势基本上是一致的，并没有出现 2009 年或者之后的几年竞争力大幅提升的情况。

第二，在 7 个分行业中，仪器仪表及文化、办公用机械制造业竞争力最弱。其竞争力一直是 7 个行业中最低的，并且其增长速度也是最慢的，其竞争力得分仅从 2003 年的 - 1.0314 增长到 2011 年的 - 0.4724。该行业竞争力较弱的实证结果也被现实的情况所验证。我国仪器仪表产品长期处

---

① 邵慰：《中国装备制造业竞争力分行业测度研究——来自 2003—2011 年面板数据的证据》，《经济学家》2015 年第 1 期。

于进出口贸易逆差状态，自 2001 年始贸易逆差持续扩大，并且在 2006 年之前逆差额均超过出口额。但自 2005 年开始，出口增幅开始逐渐超过进口增幅，贸易逆差的增幅逐步缩小，逆差额也被出口额超过。贸易逆差在 2011 年达到最高的 171.6 亿美元，随后开始降低。

第三，在 7 个分行业中，交通运输设备制造业竞争力最强，发展速度最快。除了通信设备、计算机及其他电子设备制造业竞争力在 2003 年表现最强外，之后交通运输设备制造业竞争力就一直保持第一，并从 2006 年开始逐渐拉开与其他行业的距离。从 2008 年开始，竞争力的提升速度明显又上升了一个台阶。交通运输设备制造业竞争力的提升受益于国家大力发展铁路等基础设施政策。2008 年金融危机爆发后，国家的"4 万亿元"救市政策的出台，全国高铁网的组建，都加快了交通运输设备制造业的发展。中国的高铁，凭借性价比优势成为一张名片，屡屡在国际市场上中标，甚至出口到发达国家。2014 年 11 月 10 日中国北车中标美国波士顿地铁车辆采购项目，为波士顿红线和橙线地铁提供地铁车辆，合同金额约为人民币 34.85 亿元。该项目也被视为中国装备制造摆脱低端制造的标志性成果。

第四，通信设备、计算机及其他电子设备制造业竞争力从 2003 年的第一位，滑落到 2008 年的第 4 位，并一直延续到 2011 年。20 世纪 90 年代开始的世界信息经济的发展与繁荣，为该产业的快速发展创造了非常好的市场环境。国际国内产品需求旺盛，互联网的普及等因素使我国该产业发展经历了最好的 15 年。但随着 2000 年互联网泡沫的破灭，该产业告别了高速增长的时代，进入了平稳发展的新阶段。

第三章　新常态下的中国装备
制造业发展趋势

2000年以来，中国装备制造业出口迅速增长，连续保持每年15%以上增长速度。但是2008年全球金融危机的大爆发宣告了世界经济步入"大调整"与"大过渡"的时期。2010年开始，全球经济不景气，制造业日益得到世界发达国家和发展中国家的高度重视，德国推行"工业4.0"战略、美国制定了先进制造业回归规划、日本提出振兴制造业计划等，再次掀起了以知识产权为基础和支撑的制造业转型升级的"第四次工业革命"浪潮。由于工资大幅上涨和能源成本上升造成竞争力下降，向来被称为"世界工厂"的中国在全球制造业赛跑中开始落后。根据2014年8月波士顿咨询集团发布的最新数据，中国相对于美国的制造业价格优势逐渐消失，其他竞争力下降的国家还包括巴西、俄罗斯、捷克和波兰。先进、高端的装备制造产业，正在成为一些大国参与全球产业分工、争夺全球产业链最上游的角力场。中国装备制造业面临着发达国家"高端回流"和发展中国家"中低端分流"的双重挤压。这种大时代背景与中国阶段性因素的叠加决定了中国经济进入增速阶段性回落的"新常态"时期，我国经济发展的条件和环境正在发生诸多重大转变，并呈现出与周期性调整不一样的新现象和新规律。新常态使得工业特别是装备制造业的转型升级更为迫切，同时新常态背后的经济结构优化、增长动力切换、制度环境改变，也给装备制造业的转型升级创造了便利条件和历史契机。经济新常态对中国装备制造业出口环境影响是多方面的，对于中国装备制造业的竞争力既有有利的方面，又有不利的方面。中国装备制造业如何利用有利的方面、减少不利影响成了现在需要面对的非常迫切的问题。

第一节　经济新常态带来的双重影响

一　经济新常态的有利影响

（一）国家政策的大力支持，促进产业升级

针对装备制造业的发展困境，国家制定了积极政策应对此次危机。包括鼓励推进循环经济，边角余料再利用、推进 JIT、降低库存等，大力支持企业获得自主研发的核心技术，实现产业升级，主打产品由低端走向高端。支持企业自主开发新产品，鼓励开展引进消化—吸收—再创新，引导企业逐步由依赖引进技术向自主创新转变，大力推进技术产业化。加大科研投入力度，集中攻克一批长期困扰产业发展的共性技术。加快建设一批带动性强的国家级工程研究中心、工程技术研究中心、工程实验室等，提升企业产品开发、制造、试验、检测能力。推进以企业为主体的产学研结合，鼓励科研院所走进企业，支持企业培养壮大研发队伍。以前，业主对无"首台首套"经历企业的技术水平缺乏足够信心，为了规避使用风险，在订货和招标过程中或制定各种苛刻条件，或精心设计投标资格门槛，准确地将具有潜在创新能力的国内企业和国产品牌产品拒之门外。并且，业主购买普遍存在着一种潜规则：若进口产品出现问题，当事人似乎没有责任；而选择国产设备，不良后果就会受到追究，即使我国装备制造企业在生产成本和产品价格方面具有一定的优势，但鉴于技术能力和历史业绩与跨国公司存在明显差距，包括一些国有企业作为业主的重大工程甚至政府采购项目也会以各种理由和方法拒绝国内制造。[①] 现在，国家建立使用国产首台（套）装备的风险补偿机制，鼓励保险公司开展国产首台（套）重大技术装备保险业务，制定《装备制造业技术进步和技术改造项目及产品目录》，支持使用国产首台（套）重大技术装备，支持目录内装备的自主化。对于中国装备制造业来说，花大本钱搞技术创新解除了后顾之忧，有了保障。国家政策有利促进了产业结构转型，增强了出口竞争力。整条装备制造业产业链包括产品设计、原料采购、仓储运输、订单处理、

---

① 孙晓华、原毅军：《业主风险厌恶、自主创新的市场失灵与第三方介入——以中国重大装备制造业为例》，《研究与发展管理》2008 年第 12 期。

批发经营、零售和产品制造（装备制造业的"6+1"）。目前，我们做的是整条制造业产业链中附加价值最低的部分——产品制造。中国装备制造业如何从单一的产品制造发展到整条装备制造业产业链是提高出口竞争力的重要课题。促进中国装备制造业向中国装备创造业转变，当前的国际经济环境给了产业结构转型的好机会。利用这个机会，对产业链进行升级。产业链升级后，我们的产品附加值就高了，出口的竞争力自然增强了。①

（二）与美国、欧盟、日本装备制造业距离在缩小，并且仍具有后发优势

全球金融体系动荡使美国、欧盟、日本大型装备制造厂商陷入悲观情绪，欧洲制造业从 2008 年 8 月开始连续四个月衰退，美国制造业在 2008 年 9 月更是大幅萎缩，显示金融风暴已从华尔街侵入市井巷弄。美国制造业正在萎缩，裁减人员；在经济陷入深度衰退之后，美国的制造和出口都明显下滑。这种情况直到 2014 年年底才有所改善。中国装备制造业抓住了这次有利的机会，不再局限于生产廉价的劳动密集型产品，正将更多的精力投入到生产精密产品尤其是技术与资金密集的装备制造业产品上。部分有实力的中国制造企业开始收购西方竞争对手。2012 年 1 月，中国三一重工以 3.6 亿欧元成功收购德国工程机械巨头普茨迈斯特，2012 年 3 月，中国兵器工业集团旗下的凌云集团联合收购德国凯毅德公司 100% 股权，标志着中国企业以跨国公司的身份进军国际汽车零部件行业高端市场。而在衡量一国实体产业竞争力的高端制造业方面，自 2009 年以来，中国高端装备制造业产值已经连续 4 年位居世界第一。一大批具有知识产权的高端装备进入产业化阶段。包括百万千瓦级超临界火电发电机组、百万千瓦级先进压水堆核电站成套设备、精密高速加工中心、3000 米深水半潜式钻井平台等，初步形成了高端装备制造产业格局。中国装备制造业的现实是不缺市场，缺的是核心技术，中国在核心技术方面相差发达国家最少 20 年以上，要想在短时间内赶上并非易事。但是恰好是发挥后发优势的最佳时机。

（三）美国次贷危机引发的全球金融危机发展的比想象中更糟糕，中国产品仍具有比较优势

雷曼兄弟证券、华盛顿互惠银行和全球最大的保险公司美国国际集团

---

① 邵慰、陶晓丽：《金融危机对辽宁装备制造业出口的双重影响分析》，《对外经贸实务》2009 年第 3 期。

（AIG）都陷入了困境或者干脆破产。美国动用近 20000 亿美元救市。美联储前主席艾伦·格林斯潘说，美国正陷入"百年一遇"的金融危机。这场危机席卷全球，发达国家没有一个不受这次危机的影响。在这次危机中，美国、欧盟制造业纷纷告急。从金融危机时开始，美国制造业就开始了艰难的历程。据美国智库 2014 年 8 月报告，美国近几年创造的制造业工作仅仅为金融危机及随后衰退期间流失工作的 1/5，制造业复苏根本不存在。美国信息技术与创新基金会的报告作者罗伯特·阿特金森（Robert Atkinson）称："很多人非常渴望利好的经济消息，因此媒体报道暗示美国制造业复苏开始发力。"他称："美国确实实现了连续四年就业增长，过去三年创造了 52 万个制造业工作。"但美国 2007—2009 年流失了 250 万个制造业工作。这种情况下，如非洲等二、三线的市场，中国企业存在较多市场机会。即使是美国本土，中国高端装备制造业的产品也成功进入。非洲一些国家正在兴建基础设施，但是它们本身的工业基础薄弱，制造、机车等设备需要大量的进口。危机以前各国企业对非洲市场竞争非常激烈，现在发达国家制造业企业深陷危机中，竞争实力相对变弱，所以中国装备制造业企业相对出口竞争力加强。2008 年 7 月，中国北车集团大连机车车辆有限公司为刚果（金）设计制造的 4 台 CKD7C 型出口内燃机车下线。这是该公司内燃机车继 1997 年出口 56 台至坦桑尼亚、赞比亚和尼日利亚后，第三次进入非洲铁路运输市场。在此之前该市场一直被德法等国家企业垄断。2014 年 10 月，美国马萨诸塞州交通局（MBTA）正式批准，将向中国北车采购 284 辆地铁车辆，装备波士顿红线和橙线地铁。这是中国轨道交通装备企业在美国面向全球的招标中首次胜出登陆美国。

（四）政府出台的一系列措施有利于提升竞争力

首先，2009 年中国的四万亿元救市计划给装备制造业带来巨大的商机。四万亿元当中很多是用作国内高速铁路、公路、港口、能源、城镇建设等基础设施建设，因此工程、机械、钢铁等装备制造业最受益。生产隧道掘进专用工程机械盾构机的沈重集团仅 2009 年 1 月就接到 20 台盾构机订单，合同金额近 10 亿元。以前盾构机完全靠进口，现在满足国内需求之后还可以出口。沈阳制造的盾构机价格只相当于国外同类产品的 60%，很有出口竞争力。其次，央行多次大幅降息。对于高度依赖资本的装备制造业来说，带来的是债务成本的直接下降和融资成本的降低。政府还有一些如出口退税政策等，大幅降低了装备制造业企业成本。和国外的企业相比，我们的企业在出口上的竞争力就大很多。

（五）全球经济低迷为我国企业海外并购提供了良机

海外并购对出口竞争力的增强主要体现在两个方面：技术的跨越式升级和海外市场的直接进入。有些企业技术上领先我们很多年，我们一直想并购，利用这次机会，企业走出去参与全球并购。如果并购成功将大大缩小中国企业与跨国大公司的技术差距。另外，面对不同的国家和地区的市场准入壁垒，并购海外企业还可以绕过这些壁垒，直接打入当地市场。这些必将带动出口的增长。现在海外并购的门槛大大降低。中国的装备制造业由于计划经济时代体制原因，设备更新速度慢、历史欠账多，一直走的是依靠低的劳动力成本降低总成本，获得竞争优势的路子。但是同时存在产品附加值低，技术落后并且没有储备技术的问题。提高企业出口竞争力迫切需要解决技术"瓶颈"，海外并购成为一条快捷的方式。2011 年欧债危机令许多欧洲企业陷入困境，其中不乏拥有核心技术和悠久历史的装备制造企业。据德国联邦统计局数据显示，2012 年 1—8 月，德国约有 2 万多家企业破产，其中不乏长期专注于机械制造的家族企业，科技水平高，拥有不少数十年甚至上百年历史的精工品牌，这给中国企业提供了很好的并购机会。机会难得，中企再掀海外并购潮。2014 年 1 月，广西柳工收购全球著名推土机及重型工程机械制造商、履带牵引技术的领导者波兰 HSW，潍柴动力母公司山东重工收购全球豪华游艇巨头意大利法拉帝集团；2014 年 3 月，中国兵器工业集团与旗下凌云集团联合收购全球汽车连锁市场占有率第一的德国凯毅德；2014 年 7 月，四川波鸿并购全球汽车零部件巨头加拿大威斯卡特。

二　经济新常态的不利影响

（一）劳动力成本上升，比较优势下降

装备制造业分为高端装备制造业和低端装备制造业。低端装备制造业是工业化初期的产物，而高端装备制造业则是工业化后期和后工业化的产物。高端装备制造业的显著特征是高技术、高附加值、低污染、低排放，具有较强的竞争优势。高端装备制造业是一个国家或地区工业化过程中的必然产物。高端装备制造业是与低端装备制造业相对应的说法，是工业化发展的高级阶段，是具有高技术含量和高附加值的产业。高端装备制造业与传统装备制造业的最大区别在于，传统装备制造业依靠的是传统工艺，技术水平不高，劳动效率不高，劳动强度大，大多属于劳动力密集和资金密集型产业；高端装备制造业依靠的是高新技术和高端装备的竞争优势，最容易取代传统装备制造业；传统装备制造业与高端装备制造业的最大差距在于科技实力，高端装备制造业对传统装备制造业予以改造和提升，是装备制造业发展的必然过程。

高端装备制造产业"高端"主要表现在三个方面：第一，技术含量高，表现为知识、技术密集，体现多学科和多领域高精尖技术的继承；第二，处于价值链高端，具有高附加值的特征；第三，在产业链占据核心部位，其发展水平决定产业链的整体竞争力。高端装备制造产业必然成为带动整个装备制造产业升级的重要引擎，成为战略性新兴产业发展的重要支撑。①

我国装备制造业优势主要在低端装备制造业，高端装备制造业实力与发达国家差距仍然很大。

低端装备制造业行业进入门槛低，一些新兴国家依靠资源、劳动力等比较优势，大力发展加工制造业，以更低的劳动力成本承接劳动密集型产业的转移，与中国形成了同质竞争。在这种局面下，有的跨国资本家直接到新兴国家投资设厂，有的则考虑将中国工厂迁至其他新兴国家。中国装备制造业面临着发达国家"高端回流"和发展中国家"中低端分流"的双重挤压。

（二）来自海外的投资减少，对外投资增加

海外投资一直是中国装备制造业发展的动力之一。以辽宁省为例，2008 年，辽宁全年实际利用外商直接投资 135 亿美元，同比增长 48%，首次跻身全国三甲。其中，仅在中国香港一地，辽宁就引进资金 53 亿美元，占全省实际利用外资的 44%。29% 以上的外资是投向了装备制造业。但是，下半年的投资明显减少。海外投资的减少必将影响到中国装备制造业快速、稳定的发展。对中国实际投资前六位的国家和地区有中国香港、韩国、美国、日本和新加坡等，它们受这次金融危机冲击都很大。外资的减少对于出口的竞争力的影响是间接的也是巨大的。2009 年的情况则更不乐观。2009 年 5 月，中国实际利用外资下降 50.9%，前 5 个月累计下降 6%。② 装备制造业有行业自身的特点，需要的前期投入很大。投资从

---

① 杨瑞秋、施卫华、罗彬：《专家称中国装备制造业面临高端回流等双重挤压》，《广东经济》2014 年第 9 期。

② 陈政高：《在全省经济运行情况通报电视电话会议上的讲话》，《辽宁日报》2009 年 6 月 5 日第 1 版。

哪里来呢？外资无疑是一个很好的途径。外资对于中国装备制造业的发展贡献是不言而喻的。外商直接投资缓解了装备制造业建设过程中资金不足的矛盾。外商投资企业加快了中国装备制造业产业结构调整步伐。外商投资企业引进先进技术、工艺、设备和管理经验，推动了我国相关产业的技术进步，尤其是推动了我国电子、通信、家电、汽车等行业的技术进步。外商投资企业正演变为进出口的主力军。外商投资企业税收大幅增加。外商投资企业创造了大量就业机会，培养了管理技术人才，等等。因外商直接投资资本内含的人力资本、R&D 投入等因素通过各种渠道导致技术等的非自愿扩散，而跨国公司子公司又无法获取全部收益的情形，这种情形被称作外商直接投资的技术溢出效应。① 在众多相关的实证研究中，②③④⑤⑥ 基本确认了外商直接投资存在技术溢出效应。外商直接投资的技术溢出效应与市场竞争、劳动力流动以及行业开放度均呈正相关关系，且影响效果均很明显存在溢出效应。按照目前发达国家经济复苏的速度来看，至 2014 年年末仍未恢复到 2007 年的水平。由于人民币走强，美元贬值等原因，中国装备制造业对外投资大幅增长。商务部统计数据显示，2015 年第一季度中国装备制造业对外直接投资持续增长，达到 9.6 亿美元。同时，相关设备的出口呈现良好发展势头。2015 年 1—2 月，我国铁路设备包括铁道及电车道的机车、车辆及相关零件的出口超过 60 亿美元，同比大幅增长 51.8%。

（三）与新兴国家竞争加剧，出口市场被替代，贸易摩擦加剧

近些年，印度、巴西等国家装备制造业对中国的冲击很大。以中国鞍钢集团为例：成立于 1994 年的印度米塔尔钢铁公司成为世界最大的钢铁公司。鞍钢集团各种类出口产品都面临米塔尔的竞争，市场份额逐渐下

---

① 张兰霞、王静、杨海君：《沈阳装备制造业外商直接投资技术溢出效应实证研究》，《东北大学学报》2008 年第 6 期。

② Caves, R. E., "Multinational firms competition and productivity in host country markets", *Economica*, Vol. 41, 1974, pp. 176 – 93.

③ Globerman, S., " Foreign direct investment and spillover efficiency benefits in Canadian manufacturing industries", *Canadian Journal of Economics*, Vol. 12, 1979, pp. 42 – 56.

④ Blomstrom, M., "Foreign investment and productivity efficiency: the case of Mexico". *Journal of Industrial Economics*, Vol. 35, 1986, pp. 97 – 110.

⑤ 何洁：《外商直接投资对中国工业部门外溢效应的进一步精确量化》，《世界经济研究》2000 年第 12 期。

⑥ 姚洋：《中国工业企业技术效率分析》，《经济研究》2001 年第 10 期。

降。应该说，中国装备制造业过去的优势主要依靠的是国内的大市场和低劳动力成本，而这些恰好是西方国家中资源缺乏，劳动力价格偏高的国家所不具备的，因此，从某种意义上，中国制造和日本制造、美国制造、欧盟制造并不是一个同质竞争的关系。而劣势也同样很明显，即生产主要以加工为主，掌握较少核心技术，企业的研发能力和意识尚处在初级阶段，这就决定了我们的装备制造业还是处在以产品价格和规模取胜的阶段。当前，在机电、机床、汽车配件等多个行业中，我国都位居全球第一大生产国和第一大出口国。但是，这种具有压倒性优势的中国制造，具有一种共性的生产模式，即利用自身成本低廉的比较优势受国际大企业委托进行生产。美日欧国际品牌商（或大型零售商）制定出技术标准，按照效率原则向不同国家和地区企业发出订单；产品经过品牌商指定的检验机构认可后，被贴上品牌商的标签，沿着品牌商所掌控的销售渠道被摆上世界各国市场的货架。然而，正是由于许多企业采取这种方式生产，使目前市场上的民族品牌越来越少，由于缺乏核心技术，国内企业在市场上的话语权越来越小。① 有证据表明，在中国装备制造业的出口中，外资企业一直扮演着重要的角色。它们利用我们低成本的优势在中国生产，然后再卖到全球市场。所以，一旦出现成本更低的国家和地区，这些资本就会转移到新的国家和地区。

（四）贸易摩擦频率加大

世界贸易组织秘书处 5 月发布的一项统计显示，2008 年全球新发起反倾销调查 208 起，反补贴调查 14 起，中国分别遭遇了 73 起和 10 起，占全球案件总数的 35% 和 71%，是世界贸易组织中遭遇贸易救济调查最多的成员。2008 年 4 月 14 日，美国国际贸易委员会公布，对我国输美环形碳钢管线管产品开展反补贴和反倾销的调查。根据从美国律师界提供的涉案企业名单中获悉：此次美国商务部拟对原产于中国的碳素焊接钢管启动反倾销和反补贴调查案中，我国涉及企业共 66 家，其中辽宁企业 11 家。辽宁钢铁行业在辽宁经济中占有非常重要的地位，频频遭遇国际贸易摩擦使辽宁钢铁行业雪上加霜。2009 年 3 月 24 日，美国商务部发布公告，对原产于中国的环形碳素钢管线管作出反倾销终裁。随后对这些产品实施惩罚性关税，

---

① 邱林：《中国制造存在被人替代的后顾之忧》，2009 年 8 月 13 日，http：//guancha. gmw. cn/show. aspx？id = 5601。

平均加税幅度超过33%，这意味着中国产品基本退出了美国的市场。而未来一个阶段，这种贸易摩擦还会继续增加。2009年以来，中国遭遇的贸易摩擦压力有增无减。以汽车零部件的出口为例，2009年8月7日，欧盟对华发起铝合金车轮反倾销调查。仅2009年这已经是国外对我国汽车零部件的出口展开的第11次反倾销。之前的几次是：7月初两家俄罗斯企业拟推动政府对我国紧固件进行反倾销；6月巴西对从中国进口汽车子午线轮胎征收反倾销税；5月印度考虑对进口汽车零部件征收反倾销税；4月美国轮胎业对中国轮胎制造商提起反倾销诉讼；3月哥伦比亚对中国螺丝螺母反倾销案作出终裁，巴西对华卡车轮胎反倾销案即将举行听证会；2月美国对华钢制螺杆作出反倾销终裁，加拿大对华紧固件作出反倾销反补贴期中复审终裁；1月阿根廷要求对原产于中国的钢轮毂开展反倾销调查，欧盟对华紧固件反倾销正式生效。汽车零部件是中国装备制造业重要的出口产品。国外对我国汽车零部件开征惩罚性关税，对中国装备制造业影响很大。2010年以来，贸易摩擦更加严重。仅以机械行业为例：据不完全统计，2010—2014年年末，国外已对我机械工业发起44起贸易救济调查（2010年7起，2011年16起，2012年11起，2013年10起），采取的保护手段分别为：临时反倾销措施1起，特别保障措施1起，反倾销和反补贴（以下简称"双反"）2起，反补贴2起，反规避3起，保障措施2起，"337"调查4起，反倾销29起。2013年国外对我国机械工业发起的10起贸易救济调查分别为：印度对石墨电极反倾销调查，加拿大对床垫用弹簧组件反倾销再调查，澳大利亚对变压器反倾销调查，澳大利亚对应用级风塔反倾销调查，印度对绝缘子反倾销调查，美国对取向电工钢"双反"立案调查，加拿大对碳钢紧固件"双反"再调查，南非对石墨电极反倾销调查，阿根廷对陶瓷绝缘子反倾销调查，美国对三一重工发起"337"调查。

第二节　新常态下装备制造业的 SWOT 分析

　　SWOT分析法，又称为态势分析法或自我诊断法，是美国旧金山大学韦里克（H. Weihfich）教授于20世纪80年代初提出来的。SWOT分析法的四个英文字母分别为优势（Strength）、劣势（Weakness）、机会（Opportunity）和威胁（Threat），该方法将一个组织所面临的综合因素分为内部条件因素——优势和劣势因素（SW）及外部环境因素——机会和威胁因素（OT）两部分，优劣势分析主要着眼于竞争主体的实力及其与竞争对手的比较；机会和威胁分析将注意力放在外部环境的变化及其对竞争主体的影响上。SWOT分析是一种对企业的优势、劣势、机会和威胁的分析，在分析时，应把所有的内部因素（包括公司的优势和劣势）都集中在一起，然后用外部力量来对这些因素进行评估。这些外部力量包括机会和威胁，它们是由于竞争力量或企业环境中的趋势造成的。这些因素的平衡决定了企业应做什么以及什么时候做。

继美国发生次贷危机之后，欧洲也发生了债务危机。在这一危机中，高度市场化的金融系统相互衔接产生了特殊的风险传导路径，即低利率环境下的快速信贷扩张，加上独特的利率结构设计使得金融市场在房价下跌和持续加息后出现偿付危机，按揭贷款的证券化和衍生工具的快速发展，加大了与金融有关的金融资产价格下跌风险的传染性与冲击力，而金融市场国际一体化程度的不断深化又加快了金融动荡从一国向另一国传递的速度。在信贷市场发生流动性紧缩的情况下，金融危机最终演变成一场席卷全球的金融风波。

由于中国装备制造业对目前中国经济增长具有非常重要的作用，而美国又是中国最大的贸易顺差来源之一，因而美国经济放缓和全球信贷紧缩，将使我国整体外部环境趋紧。经济新常态下，美国经济增长下行的趋势仍然没有得到遏制，消费者信心快速下滑。经济新常态下，环境对中国装备制造业的影响是多方面的。首先，很多中国装备制造业企业的产品失去市场。美国是我国最大的贸易伙伴，中国装备制造业生产的大部分产品销往美国。美国的消费主要是借贷性消费。① 金融危机后，美国消费下降，导致对中国的进口快速减少。中国大陆的内需市场又无法承载接盘，大量中国装备制造业企业生产的商品销售不出去，企业面临要么产品大量积压，要么倒闭的窘境。大量外向型装备制造业企业必然因为熬不过这场危机而倒闭。其次，中国装备制造业的大量企业赖以生存的资金链条断裂。制造业对银行贷款的依赖度极高，许多企业销往美国产品的款项收不回来，全球的信贷紧缩使企业获得银行借款变得越来越困难。海外一些热

---

① 邵慰、王焕杰：《美国次贷危机背景下中国制造业的SWOT分析》，《特区经济》2009年第2期。

钱也迅速撤离中国，使资本链条更加雪上加霜。最后，中国装备制造业一直靠成本低廉取胜的路根本走不通。金融危机发生后，美元将继续贬值，目前，美元依然是主要的国际结算货币，美元贬值意味着大宗商品价格上涨。而大批热钱在美元贬值或有贬值预期的影响下，会热炒大宗商品，提高铁矿石等大宗商品价格，增加中国装备原材料的进口成本，中国装备制造业的成本将进一步加大。中国装备制造业生存状况非常差，随时都有破产的危险。如图3-1所示。因为美国金融危机导致中国装备制造业出口下降，许多国外资金无法收回，产品大量积压，直接的后果就是缺少资金。因为国际热钱的撤离和国内银行信贷困难，造成中国装备制造业采购困难，而且国外原材料价格上涨和生产成本的上升又造成了中国装备制造业的生产困难。国外市场萎缩，国内又无力承接，由此进入一个新的恶性循环。在产品的生产、流通、销售等每一个环节，企业都可能因为无力承受而导致破产。

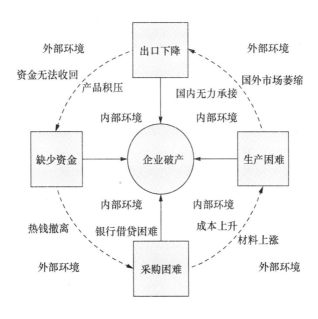

图3-1　新常态下中国装备制造业生存环境

一　中国装备制造业的优势

（一）综合成本低

提到成本就必须分析中国装备制造业的成本结构。成本结构亦称成本构成，产品成本中各项费用（例如，人力、原料、土地、机器设备、信息、通路、技术、能源、资金、政商关系、管理素质等）所占的比例。
首先是人力成本低。中国装备制造业国内梯度转移的空间很大，发达地区
一些装备制造业通过转移到中西部地区，已获得持续的低成本优势。那里
有便宜的地价、税收优惠，甚至是更加宽松的环保和劳动环境。同时，重
庆、成都等中西部城市劳动力资源仍很丰富，劳动力成本近年来虽有所上
升，但与华南、华东地区沿海城市相比，人力成本要低得多。和国外相
比，比发达国家更低。相比一些新兴的发展中国家相比如越南。虽然近年
来有一些新兴国家劳动力等成本较中国低，但是越南国内通货膨胀率使其
综合成本失去优势。其次是土地成本低。在沿海发达地区的省份，拿到一
亩土地的成本在 70 万—80 万元。作为稀缺资源，土地价格只会越来越
高。最近地价高涨，使得土地再度成为抢手的资源，在沿海一些人多地少
的地方，用地更为紧张，填海一亩的成本只要 40 万—50 万元，因此向海
洋要地就成了同样的选择。2009 年年初，国家海洋局确定，2009 年全国
围填海规模将控制在 150 平方公里以内，但是实际上在建和已建项目的数
字远远不止如此。浙江、广东填海造地之风愈演愈烈。但是在辽宁沿海经
济带土地的成本远远低于 50 万元。辽宁省沿海经济带海岸线周边有大量
的废弃盐田、盐碱地和荒滩，开发成本低。"与寸土寸金的东南沿海地区
相比，企业可以有更多的发展空间"。甚至如果投资额超过 5000 万元的大
项目，地方政府不仅免费提供土地，甚至在税收等方面给予优惠。如果考
虑到辽宁沿海经济带建设上升到国家的战略后，给予的优惠政策更大，那
么土地方面的成本就会更低。最后是原材料及能源成本低。我国矿产资源
丰富，大体齐全。已探明储量居全国前列的矿种有铁、锰、石油、天然
气、油页岩、钼、熔剂灰岩、滑石菱镁、硼矿、金刚石、玉石等，是全国
黑色金属、有色金属、化工产品和石油矿产的生产基地。很多原材料可以
就近提供，不需要从其他的省份购买，成本比较低。考虑综合成本比较
低，许多企业选择可以有众多省份可以安家落户。例如，正值金融危机爆
发的时刻，2008 年 10 月 18 日，大连船舶重工长兴岛产业基地奠基暨战
略合作与投资协议签字仪式在大连长兴岛临港工业区举行。大连船舶重工
长兴岛产业基地计划总投资 200 亿元，由造船、修船、海洋工程等项目组
成。基地建成投产后，年销售收入将超过 400 亿元，将使大连的造船能力
达到 1000 万吨，船务柴油机的生产能力达到 1000 万匹马力。中国船舶重
工集团公司投资在长兴岛一个很重要的原因就是综合成本低。营口建立的

辽宁船舶工业园有限责任公司等也是同样原因。

（二）产业集群发达，综合配套能力强

中国装备制造业产业发展起步于新中国成立初的156个项目。经过60多年的发展，中国的装备制造业发展格局已经发生了很大变化。目前，中国装备制造产业已初步形成五大产业集聚区，即东北装备制造业集聚区、长三角装备制造业集聚区、珠三角装备制造业集聚区、津鲁冀装备制造业集聚区、中西部装备制造业集聚区。

东北地区是中国老工业基地。新中国成立初期是中国装备制造业的摇篮，现在的地位在逐年下降。机械工业产业集群的特色非常鲜明，如沈阳铁西区的机械加工产业集群、长春的汽车工业产业集群、哈尔滨动力机械产业集群等。辽宁装备居四大工业支柱产业之首，是辽宁的"看家本领"，产生了全省1/3的工业增加值；更重要的是"大国重器"的制造为国家的重大项目提供关键设备，起着顶门杠、顶梁柱的作用。吉林省装备制造业规模不断扩大，目前已形成了以高速动车组、城轨车辆、农机装备制造、换热器设备制造、煤矿采选设备制造、电力设备等为主导的产业体系。黑龙江省则重点发展电站成套设备、冶金成套设备、重型机床及锻压设备、车辆制造、焊接技术与设备、农机、国防军工产品等几个方面。

长三角地区是国内重要的高端装备制造业开发和生产基地，在国内高端装备制造产业中占有重要地位。其中，上海为国内民用航空装备科研和制造重点基地，江苏海洋装备工业发达。浙江装备制造业培育和发展了一批特色产品和优势行业。金属制品业、通用设备制造业、电气机械及器材制造业、仪器仪表及文化办公用机械制造业等行业总产值占全国同行业的比重超过10%；泵、阀、风机、轴承、环保设备、仪器仪表制造的产量比重居全国第一位；纺织服装皮鞋专用设备、塑料工业专用设备的产量比重居全国第二位；汽车仪器仪表、电线电缆、汽车零部件及配件、冷冻设备的产量比重居全国第三位。

津鲁冀地区是国内重要的高端装备研发、设计和制造基地。其中，天津围绕轨道交通运输、造修船、海洋工程、清洁能源装备、高档数控机床、输配电设备、节能环保设备等领域建设产业集群。其商用飞机制造集群、汽车产业集群等逐渐形成规模。山东汽车及零部件、船舶、机床、工程机械、内燃机、通信及其他电子设备的产业集群的规模都在全国前列。智能装备、海洋工程装备、核电装备、风电装备、页岩气开发装备、航空装备及轨道交通装备等高端制造业领域集群逐渐形成规模。河北依托其海洋优势，在原有装备工业基础上已逐步发展成为海洋工程装备、机床以及轨道交通装备的产业聚集区。河北承接北京的重工业转移也是装备制造业产业集群发展的一个良机。

珠三角地区是床、智能机器人、海洋工程和航空服务业的研发和生产基地。主要分布在以广州为中心的深圳、佛山、珠海、东莞等市。珠三角地区是改革开放的前沿阵地，主要以外向型经济为主，有良好的经济基础和丰富的人才资源，装备制造业将向智能化方向发展，是未来的重要产业圈。广东装备制造业已经拥有以通信、计算机及系统、医疗仪器设备、仪器仪表、输变配电及电工器材、塑料加工机械、包装和食品机械、电梯、汽车、特种船舶、海洋工程装备等为代表的在国内具有领先地位的主导产品，以及一批在国内占有较大市场份额的优势企业，并初步形成以珠江三角洲为核心区域的装备制造业产业基地，同时带动东西两翼共同发展的格局。拟在核电设备、风电设备、输变电重大装备、数控机床及系统、海洋工程设备 5 个关键领域实现突破，形成世界级重大成套和技术装备制造产业基地。

在中西部地区，重要的装备制造业基地集中在重庆、西安、武汉等几个城市。逐渐形成了航空、卫星、轨道交通装备和机床等产业的集聚区。这些地区拥有一定的装备工业基础，虽然相关配套产业相对弱一些，但是，可以抓住具有传统优势的产业，完善产业链，走特色发展道路。重庆摩托车产业集群达到千亿级，风电成套装备、轨道交通装备、智能制造装备、环保安全装备、船舶及零部件、航空航天装备、能源装备、内燃机、大型铸锻件及关键基础件 10 个产业集群达到百亿级。西安正着力打造汽车、电子信息、航空航天 10 个千亿级产业集群。武汉装备制造业在规模日益壮大的同时，体系也日趋完善，初步形成覆盖卫星、航空航天、轨道交通、海洋工程装备和智能制造装备等领域的多个产业集群。

（三）正式制度的优势

制度经济学派不仅把"制度"纳入其研究范围，而且进一步把制度分为从人类经验中演化出来的内在制度，即非正式制度和被自上而下强加和执行的外在制度，也就是正式制度。① 所谓正式制度是指人们有意识建

① ［德］柯武钢、史漫飞：《制度经济学》，韩朝华译，商务印书馆 2004 年版，第25—28 页。

立起来并以正式形式加以确定的各种制度安排，包括政治规则、经济规则和契约，以及由一系列规则构成的等级结构，从宪法到成文法和不成文法，到特殊的细则，最后到个别契约等，它们共同约束着人们的行为。由于正式制度是政府作为第三方对参与博弈的双方或多方进行强制实施，因此，正式制度也被称为硬性的强制制度。按照目前我国经济运行的方式来看，虽然经过30多年的努力，市场经济的建设已经基本形成，市场已经成为资源配置的最主要方式。但是，我们国家有强有力的政府，政府在经济社会中的能力非常强大。我国的社会属于典型的强政府、弱社会的社会，正式的制度几乎完全由政府来主导完成。同时政府将强力推进制度的实施。近十年以来，国家制定了一系列促进辽宁经济振兴的正式制度。从历史的经验来看，国家每次计划促进某地区的经济振兴，就会举全国之力来发展当地。从改革开放之初的发展深圳、厦门等5个经济特区，到后来建立的14个沿海开放城市，开发浦东新区，几乎每一次都取得了相当大的成功。而2003年左右开始的振兴东北老工业基地，国家同样付出了大量的人力、物力和财力，制定了一系列正式制度，各产业特别是装备制造业又是国家支持的重点。所以，辽宁装备制造业在每一次正式制度的出台中都获得了巨大收益。

2003年10月5日，《中共中央国务院关于实施东北地区等老工业基地振兴战略的若干意见》第四条提出：要以提高国际竞争力为目标，重点发展数控机床、输变电设备、轨道车辆、发电设备、重型机械等重大装备产品，把东北地区建成我国重要的现代装备制造业基地；要加快现有造船企业改造，建成具有国际先进水平的船舶生产基地；要以大企业集团为龙头，鼓励现有汽车和零部件生产企业联合重组，做强做大，参与国际分工和竞争。第十一条提出：在财政税收政策方面对老工业基地予以适当支持。对部分企业历史形成、确实难以归还的历史欠税，按照规定条件经国务院批准后给予豁免。研究制定支持资源型城市经济转型的政策措施，对资源开采衰竭期的矿山企业，以及对低丰度油田开发，在地方具备承受能力的条件下，适当降低资源税税额标准。对装备制造业、石油化工业、冶金工业、船舶制造业、汽车制造业、高新技术产业、军品工业和农产品加工业等行业，允许新购进机器设备所含增值税税金予以抵扣。① 可以说，东北振兴给中国装备制造业的发展带来了发展机遇。财政部、税务总局不久出台了《关于落实振兴东北老工业基地企业所得税优惠政策的通知》。通知规定：东北地区工业企业的固定资产（房屋、建筑物除外），可在现行规定折旧年限的基础上，按不高于 40% 的比例缩短折旧年限。东北地区工业企业受让或投资的无形资产，可在现行规定摊销年限的基础上，按不高于 40% 的比例缩短摊销年限。但协议或合同约定有使用年限的无形资产，应按协议或合同约定的使用年限进行摊销。东北地区企业计税工资税前扣除标准提高到每月人均 1200 元，具体扣除标准由省级人民政府根据当地平均工资水平，在不超过上述限额内确定。企业在省级人民政府确定的标准以内实际发放的工资可以在税前扣除。② 国家的这一优惠政策解决了不少企业燃眉之急，对增强企业后劲、促进企业发展起到持续推动作用。为进一步减轻企业负担，提高企业竞争力，2006 年财政部、国家税务总局出台了《关于豁免东北老工业基地企业历史欠税有关问题的通知》，通知豁免东北老工业基地企业 1997 年以前的历史欠税。③ 为装备制造业企业改制、重组、壮大等扫清了障碍。"十一五"规划也将东北振兴作为重点，明确提出东北地区要加快产业结构调整和国有企业改革改组改造，在改革开放中实现振兴。建设先进装备、精品钢材、石化、汽车、船舶基地，发展高技术产业。2008 年国家紧急出台《装备制造业调整和振兴规划实施细则》，提出一系列振兴装备制造业的措施：依托十大领域重点工程，振兴装备制造业；抓住九大产业重点项目，实施装备自主化；提升四大配套产品制造水平，夯实产业发展基础；推进七项重点工作，转变产业发展方式，在政府采购、风险分担、税收优惠，财政补贴等多个方面支持装备制造业产业实现平稳增长、市场份额逐步扩大、重大装备研制取得突破、基础配套水平提高、组织结构优化升级、增长方式明显转变。④ 这些政策直接促进了企业订单的增加。例如，九大产业重点项目，实施装

① 《中共中央国务院关于实施东北地区等老工业基地振兴战略的若干意见》，中发〔2003〕11 号，2003 年 10 月 5 日。

② 《财政部税务总局关于落实振兴东北老工业基地企业所得税优惠政策的通知》，财税〔2004〕153 号，2004 年 9 月 20 日。

③ 《财政部国家税务总局关于豁免东北老工业基地企业历史欠税有关问题的通知》，财税〔2006〕167 号，2006 年 12 月 6 日。

④ 国务院：《装备制造业调整和振兴规划》，2009 年 5 月 12 日。

备自主化中有一项是轨道交通。现在全国各地很多大城市都在建地铁。盾构机是地铁隧道挖掘中最重要的设备。盾构机是装备制造业的标志性产品，是当今世界上最先进的隧道全断面掘进超大型专用设备。由于盾构机的制造工艺复杂，技术附加值高，长期以来，国际上只有德国、美国、日本等少数国家的几个企业具有能力生产，并且造价高昂。在我国的隧道建设中，德国和日本的盾构机市场占有率高达95%以上。而现在，沈阳北方重工集团有限公司率先实现了国产大型盾构机在隧道工程设备招标采购和施工使用中零的突破，一举打破国外厂商独占市场的垄断局面，成为国内研发和制造盾构机的龙头企业。2009年2月25日，北方重工签订了两台盾构机出口伊朗的合同。至此，北方重工拿到的盾构机生产订单累计已达39台，合同额超过30亿元。①

高端装备制造业是新兴产业中的支柱产业，"十二五"期间装备制造业的一个战略是"调整转型、创新升级"，一个目标则是"推进装备制造业由大变强"，作为装备制造业的核心和关键，高端装备制造业定位为战略性新兴产业为产业发展提供了"肥沃的土壤"。现在随着《中国制造2025》规划的推出，高端装备制造业更是迎来了历史发展的新机遇。目前，国家给予了装备制造业一切可能给予的制度支持。中国装备制造业迎来了最好发展机会。

二　中国装备制造业劣势

（一）国有企业一枝独秀，民营企业发展不足

装备制造业是典型的资本密集型行业。装备制造业行业特点决定，市场准入门槛高，研发资本投入量大，风险高。得到国家重点投入和支持的国有企业规模大，实力强，民营企业发展不足。从辽宁和浙江两省的对比中也可以得到上述结论。

从新中国成立初期开始，辽宁装备制造业得到了国家的大力投入。国家"一五"、"二五"上马的装备制造业项目有一半以上落户辽宁。2014年，辽宁省纳税百强企业共涉及28个大类行业，在纳税百强企业主要分布的10个行业中，制造业依旧保持近七成的税收占比，充分显示了辽宁身为装备制造业大省的产业优势。2014年度，辽宁国税纳税百强企业名

---

① 贾柱：《5年磨一剑创新模式成就北方重工盾构机崛起》，《中国工业报》2009年3月25日第5版。

单中，有 24 家装备制造业企业，其中有 18 家国有企业，两家合资企业和 4 家民营企业。民营企业严重发展不足。目前，在辽宁装备制造业中国有企业比例较高，存在着机制不活和企业改革、改组、改制进展缓慢等问题。因此，振兴装备制造业，就要进行体制改革和机制创新，其中，主要是产权制度的改革。[①] 我国其他省份，特别是广东等发达省份，随着改革开放的逐渐深化，非国有所有权成分的迅速发展壮大，成为不可忽视的力量。非国有所有权成分的进入，为装备工业注入了新的生机与活力。但是，现实中大量国有企业被并购的案例不鲜见，许多关系国家经济安全的装备制造业龙头企业已经被非国有所有权企业控制，尤其是外资的控制。令人奇怪的现象是：装备制造业企业被国外企业并购已经习以为常并予以接受，但是民营企业涉足装备制造业阻力重重。因为产权的问题，已经严重影响了一些企业的竞争力。产权问题是当前辽宁装备制造业企业竞争力提高的一个"瓶颈"。

与辽宁省相比，浙江省经济结构以民营经济为主。装备制造业的发展得到国家投入得少。近年来，浙江装备制造业培育和发展了一批特色产品和优势行业。金属制品业、通用设备制造业、电气机械及器材制造业、仪器仪表及文化办公用机械制造业等行业总产值占全国同行业的比重超过 10%；泵、阀、风机、轴承、环保设备、仪器仪表制造的产量比重居全国第一位；纺织服装皮鞋专用设备、塑料工业专用设备的产量比重居全国第二位；汽车仪器仪表、电线电缆、汽车零部件及配件、冷冻设备的产量比重居全国第三位。2014 年，浙江省装备制造业有规模以上工业企业（以下简称规上工业）15177 家；从业人员 293 万人；资产总计达 23476 亿元，同比增长 7.3%，占全省规上工业资产总计的比重为 37.1%；工业总产值达 22251 亿元，增长 8.3%；工业增加值 4328 亿元，增长 8.9%；主营业务收入 21421 亿元，增长 7.1%，产业规模居全国第四位。主要经济指标的增长速度均高于规上工业平均水平，对浙江省工业经济发展起到了重要的推动作用。在列入全国机械工业统计快报的 120 种主要产品中，浙江约有 30 个产品产量居全国首位，约有一半产品产量居全国前三位，整体产出规模较大，但是浙江装备制造企业多为中小型企业，单个企业的规

---

① 安玉兴、田华、耿乃国：《产权制度改革与振兴装备制造业》，《中国科技论坛》2007 年第 6 期。

模较小。龙头企业与全国同行相比，缺少规模优势。比如，浙江没有一家企业进入全国机械行业的 18 家优势大型企业名单。

（二）非正式制度的劣势

非正式制度被定义，为群体内随经验而演化的规则，而正式制度则被定义为外在设计出来并靠政治行动由上面强加于社会的规则。[①] 人们通常认为非正式制度，例如规范和习俗等变革缓慢，因此，在涉及正式规则边际变化的研究中，非正式制度常常可以看成理所当然。非正式制度中的变化必须在关于某种长期范畴的研究中，或者经济系统大规模变革的研究中被考虑。[②] 非正式制度方面是中国装备制造业的劣势，特别是观念方面。装备制造业大多数是资本密集型企业，私人资本很难进入，必须通过政府主导，形成对政府的依赖。相对而言，江苏、浙江等沿海发达地区大多是劳动密集型企业，私人资本容易进入，也较容易形成市场意识。辽宁缺乏创新和市场意识，较少冒险和个人奋斗精神，"等"与"靠"成了思维定式，这在国有企业中比较普遍。比如，华晨集团连续多年亏损。2008 年扭亏为盈但是下半年又遭遇金融危机。2009 年上半年销量持续下滑，中期报表又亏损。销量上不去，产品没有那么大的市场却盲目扩大产能，一个销量不到 30 万辆的企业，产能却达到 80 万辆，一半以上的产能闲置。盲目上马了一大堆项目，结果资金短缺，怎么办？又和政府要。结果2009 年 5 月政府又追加了 8 亿元的投资。而政府观念也转不过来，总觉得华晨是国有企业不舍得放手。在微观层面，企业员工的铁饭碗思想未除。举个鞍钢的例子，长期以来，鞍钢一直是当地企业的巨无霸，员工最多时达到 40 万人，地税占鞍山的 1/3。除了鞍钢，以前鞍山没有一个上规模的地方企业。鞍山经济对鞍钢极度依赖，鞍钢打个喷嚏，鞍山就会感冒。辽宁省地域文化深受"安土"意识和由此产生的"温饱则安"影响，制约了经济社会的进一步发展。

（三）生产附加值低，结构性产能过剩

在中国装备制造业中，结构性产能过剩问题主要存在于劳动密集型、技术附加值低的一般装备制造行业。由于这些行业技术水平较低，自主创

---

① ［德］柯武钢、史漫飞：《制度经济学》，韩朝华译，商务印书馆 2004 年版，第 58—64 页。

② ［美］诺思等：《制度变革的经验研究》，罗仲伟译，经济科学出版社 2003 年版，第 14—15 页。

新能力较差，重大技术装备成套能力较弱，产品在国内外市场竞争力较低，产品大量过剩。但是许多重大技术装备、重要领域发展所需要的大量高技术、高附加值的成套装备，不得不依靠进口解决，而且依存度还不断提高。30多年来，我国正是以价格低廉的劳动力、土地和能源，引导国际大公司制造业从中国台湾、中国香港以及马来西亚等地转移到中国内地。现在中国正在丧失这一竞争优势。

第三节　中国装备制造业基本发展趋势判断

结合第二章的分析结果，近年来中国装备制造业竞争力逐渐得到提升。7个分行业中，交通运输装备制造业的竞争力最强。其中，2011年竞争力得分为3.2566，仪器仪表文化办公用机械制造业的竞争力最弱，竞争力得分为 -0.4724。交通运输设备制造业竞争力的提高大大支撑了高铁、汽车业等产业的快速发展，使我国一跃成为世界第一大汽车生产国，拥有世界第一里程的高铁。并且我国的高铁现已成为非常有竞争力的产品出口到其他国家。仪器仪表及文化、办公机械制造业竞争力上升得非常缓慢，综合竞争力 F 值得分仅从 2003 年的 -1.0314 提高到 2011 年的 -0.4724。通信设备计算机及其他电子设备制造业竞争力在装备制造业的7个分行业中竞争力下降幅度最大。从 2003 年的竞争力第一名下降到2011 年的第四名。

随着我国制造业产业结构调整和转型升级紧迫性的日益增强，为制造业转型升级提供生产设备的装备制造业的发展将越来越受到重视。任何产品的生产技术创新和产品附加值的提高都离不开生产设备的支撑。国家要发展装备制造业，也必将会制定和出台相应的产业发展政策。装备制造业产业政策对于产业的加速发展究竟是否有效是需要认真思考的。

计量分析结果发现：我国装备制造业分行业竞争力差异较大，对政策刺激的敏感程度不同。2009 年国家出台了最大规模装备制造业发展促进政策，除交通运输设备制造业对政策非常敏感外，其他的分行业竞争力增长趋势的变化幅度都非常小。仪器仪表文化办公用机械制造业甚至没有受到什么影响，即存在"政策失灵"现象。

促进装备制造业发展产业政策在制定时要充分考虑到分行业之间的差

异性。对于资本高度密集型的装备制造业如交通运输设备制造业、电气机械及器材制造业等对产业政策还是比较敏感的，政府加大采购力度，增加资本支持力度，会使这些分行业得到一定程度的发展。但是对于仪器仪表及文化、办公用机械制造业等行业来说，由于这些行业几乎是完全市场化的，对于政府的产业政策不是很敏感。由于政府不可能在这类分行业中大幅增加采购力度，因而政府的政策激励效果就十分有限。对于这类的分行业，政府制定竞争力提升政策时，应充分放松管制和减少补贴，努力营造公平的开放的市场环境，坚持市场导向，让市场之手引导产业发展。

中国装备制造业能耗水平需要进一步降低。当前能耗水平较高，产值与能耗之间呈正相关关系。在节能减排压力较大的今天，能耗高的产业是没有竞争力的。依靠高消耗来获得高产出的老路已经越来越走不通了。中国装备制造业迫切需要转变发展方式。依靠科技的投入来提高产品的附加值。

另外，对装备制造业生产效率因子如研发经费支出、研发人员当量、外商直接投资、出口交货值、单位产值能耗、有效专利数等二级指标的刻画和度量，能有效反映装备制造业整体发展质量。实证表明，促进装备制造业生产效率因子质量的提升，是提高装备制造业竞争力最有效的方法。因此，政府产业政策的转换，应该由激励装备制造业综合指标的提升向激励装备制造业生产效率因子质量的提高转变，即完成由激励"变大"到激励"变强"。

第四节　新常态下装备制造业的机遇和挑战

第一，降低生产成本，练好内功。成本理论认为，竞争力的概念最终可以理解为"成本"概念，即如何能以较低的成本提供同等质量的产品。装备制造业的外部环境恶化已经不可避免，未来还会持续一个阶段。练好内功，从生产、营销等各个环节节约开支，降低成本是增强出口竞争力的有效方法。

第二，抓住机会，促进产业链升级。在国际上其他的竞争对手正在忙于自救的时候，我们将产业链升级，从单一产品生产的装备制造业发展到装备创造业。进一步增加产品的附加值，逐渐从劳动密集型过渡到资本或技术密集型。不再仅仅做 OEM，从一个更高的层面上与跨国大公司竞争，有效提高出口竞争力。

第三，大力发展低碳经济。装备制造业发展低碳经济是未来的一个大趋势。装备制造业走低碳经济道路，既符合中国经济社会可持续发展的要求，也符合全球环境合作的要求。并且国家的政策也会越来越向低碳经济倾斜，在税收、信贷方面都会有相应的政策支持发展低碳经济的企业。未来在出口市场上的竞争力就取决于能不能准确地认识到这种趋势，并且迅速地做出行动。

第四，培育具有全球竞争力的企业群体，推进中国装备"走出去"。培育发展具有全球竞争力的企业群体，是我国成为装备制造业强国的重要支撑。要努力造就一批在国际产业分工中处于关键环节，具有产品、资本和技术输出能力的大企业，同时还要着力培养一大批"专精特"高成长性的中小企业群体。要充分利用全球创新资源，以构建国际竞争新优势为目标，坚持"以我为主、互利共赢"原则，加快装备制造业"走出去"的步伐。

第四章　中国装备制造业转型升级Ⅰ：
协同发展

　　装备制造业为制造业提供生产所需要的设备，制造业为装备制造业提供市场，所以，装备制造业的发展状况受市场环境的影响，也就是加工制造业的发展状况影响极大。2010年下半年以来，中国加工制造业企业的生存受到严峻挑战。以浙江省为例①，虽然来自浙江省统计局的信息表明，目前浙江企业面临的困难和2008年时并不相同，浙江省新增企业数量远远大于注销企业数量，绝对没有大批企业倒闭的情况出现。但是，在原材料价格暴涨、劳动力成本提高和融资困难等因素影响下，中国加工制造企业发展确实非常困难。提高中国加工制造业竞争力、增加加工制造业产品的附加值不仅是业界的共识，也是企业生存发展的必由之路。

　　传统理论对加工制造业的研究一般是从国际贸易和产业集群的视角下进行的。辛格（H. Singer）认为随着某种产品的出口贸易增加而使出口价格与进口价格的比值下降，出口国的国民福利受到损害。中国加工制造业具有这种典型的特征。② 阿吉翁（Aghion）等探讨在市场竞争中企业为了维持技术优势，从而不断提高研发水平、提升产品质量，实现产业集群的升级。加工制造业集群的升级往往是由企业自发的努力而完成的。③ 在国内学术界，加工制造业的研究主要集中在产业链升级和产业集群两方面。加工制造业产业升级方面，施振荣提出的"微笑曲线"学说被大量引证到中国加工制造业的发展中。④ 该学说认为，以资源消耗型、劳动密集型

---

　　① 浙江制造业发达，以浙江省为例有很强的代表性。

　　② H. Singer, "The Distribution of Gains between Investing and Borrowing Countries", *American Economic Review*, Vol. 40, No. 2, 1950, pp. 473 –485.

　　③ Aghion, P. and Howitt, P. , "A Model of Growth Through Creative Destruction", *Econometrica*, Vol. 60, No. 2, 1992, pp. 323 –351.

　　④ 施振荣:《再造宏基》，天下文化出版股份有限公司1996年版，第220—225页。

为特征的加工制造业处于整个产业链的最低端，亟须升级。钱方明、徐竹青指出，1990—2007 年中国加工制造业结构经历了较大幅度的调整过程，逐渐向高加工度化、高技术化转型，但仍停留在价值链的低端，产业生态化程度不高，并指出了中国加工制造业升级转型的制约因素。①② 也有学者的研究非常乐观，裴长洪等认为，如果从经济创造力（比如营业收入、利润总额、就业总量，尤其是就业总量）的角度看，加工制造业贡献巨大，并且中国加工制造业具有收入需求弹性低和抗经济波动风险强的优势。③

总的来看，国内外学者的研究主要集中在加工制造业企业和加工制造业产业集群方面，而对加工制造业生产所依赖的设备，即装备制造业的发展与加工制造业发展之间的关系却鲜有分析。区域内，装备制造业对于加工制造业的重要性不仅被越来越多的学者所关注，也被中国加工制造业的发展实践所证明。④ 本章将以浙江省为例，从中国装备制造业和加工制造业协同发展视角予以分析。

第一节　装备制造业和传统制造业的协同发展关系

一　装备制造业为加工制造业发展提供设备

装备制造业是为国民经济和国防建设提供生产技术装备的加工制造业，是加工制造业的核心组成部分，是国民经济发展特别是工业发展的基础。浙江省是全国著名的加工制造业大省，浙江省装备制造业为浙江加工制造业发展提供设备支持。2014 年，浙江装备制造业规模以上企业总产值 22183 亿元，增幅比规模以上工业高 1.9 个百分点；装备制造业占规模以上工业增加值的比重为 34.5%，产业规模位居全国第四。浙江装备制造业的迅速发展有力支撑了浙江加工制造业快速发展的需要。

① 钱方明、陈娟：《浙江加工制造业结构转型实证研究》，《科研管理》2009 年第 5 期。
② 徐竹青：《浙江加工制造业升级转向与制约因素分析》，《浙江学刊》2010 年第 2 期。
③ 裴长洪、彭磊、郑文：《转变外贸发展方式的经验与理论分析——中国应对国际金融危机冲击的一种总结》，《中国社会科学》2010 年第 1 期。
④ 邵慰：《浙江加工制造业与装备制造业协同发展的耦合机制研究》，《华东经济管理》2012 年第 4 期。

二 加工制造业的发展为装备制造业提供市场

浙江加工制造业的快速发展，反过来为浙江装备制造业产品提供市场。浙江省加工制造业竞争优势明显，专业化程度较高，在加工制造业30个行业大类中，浙江省有一半以上行业的市场份额在全国具有优势。2011年中国制造业500强中，浙江省入选企业数再次位居全国第一。目前浙江加工制造业的优势多数集中在纺织轻工类等传统行业上，如化纤、皮革、纺织和服装等。另外，汽车零部件制造、电子元器件制造等发展迅速。加工制造业的快速发展、产品生命周期的缩短，都为装备制造业的发展提供了广阔的市场空间。浙江装备制造业积极开发新产品以满足本省加工制造业需要。从这个角度说，浙江加工制造业的发展推进了浙江装备制造业的发展，这也可以从浙江省装备制造业内部主导行业和目前发展情况中找到证据。目前，汽车制造、输配电及控制设备制造，泵、阀门、压缩机及类似纺织机械，船舶及浮动装置制造和家用电力器具制造排在浙江省装备制造业前五位，其工业增加值占全省装备制造业的35.0%，属于浙江省装备制造业的主要行业。其50%以上的销售市场是面向浙江省的。

三 加工制造业与装备制造业产业拉动和技术拉动互动机制

目前，浙江省加工制造业的发展困难，原材料价格大幅上涨、劳动力成本增加、人民币升值、节能降耗压力大、外贸出口增幅下降等。而且，国家紧缩的货币政策以及 CPI、PPI 涨幅较高地加大了企业的困难。按照微笑曲线理论，微笑嘴形的一条曲线，两端朝上，在产业链中，附加值更多体现在设计和销售两端，处于中间环节的制造附加值最低。当前浙江加工制造业产生的利润低，全球制造也已供过于求，但是，研发与营销的附加价值高，因此产业未来应朝"微笑曲线"的两端发展。但是，在相当长的一段时间内，浙江加工制造业仍然具有比较优势，加工制造业仍然是浙江经济的最重要组成部分。因此，如何进行加工制造业的产品质量提升，仍然保持比较优势成为企业生存发展的关键。在工人劳动熟练程度、单位工作时间既定的情况下，生产设备的先进性是决定产品质量高低的主要因素。因此装备制造业的发展与加工制造业的发展形成了技术的跃迁机制和产业的拉动机制。第一，产业技术的跃迁机制。[①] 装备制造业的每一次重大技术突破和普及都会对加工制造业的发展带来明显的促进作用。第二，产业之

---

① 徐华：《三次产业协同发展机制及其产业政策》，《中国经济问题》2010 年第 6 期。

间的拉动机制。加工制造业和装备制造业之间由于直接或者间接的关联关系，加工制造业的进步，一方面会要求装备制造业提供相应的技术配套，另一方面也能够为装备制造业带来更多增长的市场空间。如图4-1所示。

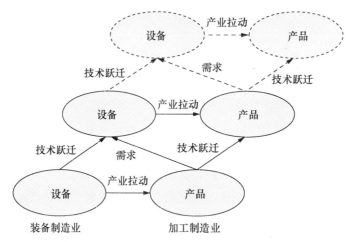

图4-1　装备制造业与加工制造业产业拉动和技术拉动的互动

第二节　装备制造业和传统制造业的协同发展困境

一　加工制造业产业升级困难

自2003年浙江实施"建设先进加工制造业基地、走有浙江特色新型工业化道路"战略部署至今，浙江加工制造业结构加速变动，效益明显提高，但与江苏、山东、广东乃至全国相比，浙江加工制造业升级变动相对缓慢，产业层次较低。在浙江加工制造业产业升级方面，企业界、政府和学术界对产业集群在区域经济和竞争力具有重要作用方面达成了共识。随着浙江海洋经济发展示范区上升为国家战略、"中国义乌国际贸易综合改革试验区"的设立，浙江加工制造业产业集群创新与发展已成为迫切需要解决的问题。浙江的加工制造业，三十多年来发展出了一些产业集群。第一个是绍兴地区发展了纺织业的产业集群，然后在金华、永康这一带形成了一些小商品制造中心，小五金这些，然后形成了以义乌小商品市场为中心的小商品生产集群。然后由萧山到宁波这一线变成了中国的汽配中心，汽配和小家电中心，就是汽车配件，以及冰箱、空调、洗衣机、小家电中心。在产业集群内，大量企业相互集中在一起，既展开激烈的市场竞争，又进行多种形式的合作。如联合开发新产品，开拓新市场，建立生产供应链，由此形成一种既有竞争又有合作的合作竞争机制。这种合作竞争机制的根本特征是互动互助、集体行动。但在过去十年左右的时间里，浙江大量资本从实体的加工制造业进入房地产市场。产业升级，产业结构调整，如果没有大量资金、大量人才进入到实体经济，产业升级是不能完成的。

二　装备制造业发展相对滞后

浙江装备制造业产业集群亟须培育、成长和壮大。浙江永康、义乌、萧山等加工制造业产业集群已在世界范围内具有一定的影响力，但是加工制造业所依靠的装备制造业产业集群远远落后于加工制造业产业集群的发展速度。加工制造业产业集群完备但亟须创新，生产加工制造业所需的设备的产业集群尚处于幼稚期，亟须培育形成和壮大。浙江加工制造业所需要的设备大量地依赖从浙江省以外购买。装备制造产品市场巨大，但区域内却不能把这种优势转化成为就业和利润的新增长点。以浙中地区为例：商品可划分为生产资料和消费资料。浙中地区以义乌为代表，是世界小商品生产批发集散地，而浙中地区主要生产批发销售资料。这是地域的最大优势，根据边际效率递减原理，地域经济想获得更快更持久的发展，如果能将生产消费资料的优势发挥出来，进而带动生产资料的产业集群的形成，将浙中地区变成小商品集散地，生产小商品装备的集散地，两条腿走路，两条腿都一样长，可以预见的是，未来20年，浙中地区将成为浙江省乃至全国新的经济增长极。举个例子：浙中地区有大量的袜子生产企业，袜子卖得非常好，如何生产袜子呢？是用机器，而机器则是浙中地区甚至浙江地区不能生产的，需要从上海、广东省或者德国引进生产设备。如果浙中地区既能有生产袜子企业的产业集群，又能有生产制造袜子设备的产业集群。那浙江经济就会迎来新的黄金发展期。所以，制造袜业生产机器等装备制造业产业集群如何培育和成长成为加工制造业发展的关键因素。

三　产业协同发展的政策设计缺失

早在2003年，浙江省就出台了《浙江省先进制造业基地建设规划纲要》，纲要指出，坚持走新型工业化道路，以提高加工制造业国际竞争力为核心，以科技进步和体制创新为动力，促进产业集聚发展，推进加工制造业结构战略性调整，实现加工制造业跨越式发展和可持续发展，加快工业现代化进程，提高浙江经济的综合实力。并提出要培育和发展装备制造业。2010 年浙江省颁布《浙江省高端装备制造业发展规划（2010—2015 年)》，提出传统装备制造业加快转型升级、加工制造业向制造服务业延伸发展、产业集群化趋势加快等目标和具体的保障措施 2010 年国务院正式批准实施《长江三角洲地区区域规划》（以下简称《规划》），依据《规划》，长江三角洲地区发展战略定位是全球重要先进加工制造业中心等。上述政策的设计，对浙江加工制造业及装备制造业的发展目标、重点领域、主要任务、保障措施等提出了详细的规划，对浙江加工制造业和装备制造业的发展起到了非常大的促进作用。但是，所有的规划和激励措施都是针对单一产业，缺少就加工制造业和装备制造业两方面产业协同发展的政策。关于加工制造业和装备制造业产业集群的协同发展、提升政府行为绩效的路径、建立完善的产业协同发展的科技管理、人才流动及相应的财税金融制度支撑体系等都没有涉及。理想的加工制造业和装备制造业协同发展关系如图 4 - 2 所示。

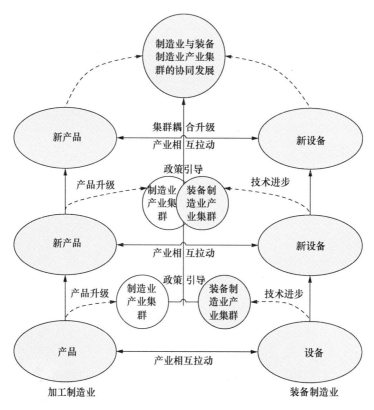

图 4 - 2 加工制造业和装备制造业协同发展的关系

第三节　装备制造业和传统制造业的
协同发展策略

加工制造业已经进入发展"瓶颈"。一方面，加工制造业产业集群的利润率越来越低，如不创新和升级，则处于集群生命周期的末期，很快失去固有优势；另一方面，加工制造业所需要的设备即装备制造业却大量依赖从区域以外购买。市场巨大但区域内却不能把这种优势转化成为利润。浙江的装备制造业整体实力还比较弱。浙江加工制造业作为中国加工制造业的一个缩影，提高加工制造业产业集群竞争力，积极培育、发展装备制造业产业集群是浙江经济发展的必然选择。对整个中国的加工制造业的发展也具有重要的启示意义。下面分别从宏观政府视角、中观产业经济视角和微观企业经济三个层面展开对浙江加工制造业产业集群的升级与创新和装备制造业培育研究。

一　培育装备制造业产业集群

在义乌、海宁、诸暨等加工制造业产业集群比较完备的地区打造国际生产资料市场，促进其地区装备制造业产业集群发展，逐步实现相关产业装备需求的自给自足。在现有成熟的加工制造业产业集群的地区培育相关的装备制造业产业集群，不仅具有对装备需求市场信息灵敏、反应迅速等优势，以下的条件也有利于装备制造业产业集群的跨越式发展。首先，浙江地区拥有大批致力于创新、不断开展创新活动的创新型企业、企业家和人才，这里的企业包括供应商、用户企业、竞争企业和相关企业（互补性企业、关联企业）等。其次，浙江地区对于生产加工制造业所需要的设备的需求具有广阔市场。最后，具有创新组织网络体系和商业模式，在产业集群内和周边地区有较多较好的高等院校、科研机构、行业组织。这些为浙江地区装备制造业产业集群的形成提供了必要条件。有了良好的先天优势，如何加快浙江装备制造业产业集群的形成，如何制定可操作性强、针对性强、措施具体的政策，就成为关键。

二　升级加工制造业产业集群

随着浙江加工制造业产业集群的成功，集群依托的产业和产品不断走向世界，使浙江省形成一种世界性的区域品牌。制造仅为产品制造，而产

品创造却包括产品设计、原料采购等 6 个环节和产品制造 1 个环节 "6 +
1"。① 提高浙江加工制造业产业集群竞争力就要促进产业链升级，促进浙
江加工制造业到浙江创造业转变。从传统产品制造的单纯产品制造 "1"
发展到产品创造的 "6 + 1"。在由内在制度设计实现浙江创造业 "6 + 1"
的基础上，分析浙江创造业外在的制度环境从 "出口导向型" 向 "全球
一体化运营" 的转变；从出口消费品转向高附加值产品；从 "制造中心"
向 "创造中心" 的转变。

三　加工制造业与装备制造业产业协同发展的政策设计

　　一切经济现象背后都是经济制度在起作用。制度决定着经济社会人的
行为和经济绩效，只是不同的经济问题有不同的表象而已。浙江加工制造
业产业集群升级困难和浙江装备制造业产业集群培育困难等问题，表面上
是因为旧有技术储备薄弱导致的路径依赖效应、浙江装备制造业发展时间
短而相对于传统的装备制造业比较强的地区基础薄弱和关键核心技术的缺
乏，等等，实质上是因为加工制造业与装备制造业产业协同发展的有效制
度的缺乏。亟须相关制度设计以促进装备制造业的发展与加工制造业的发
展形成技术的跃迁机制和产业拉动机制。充分发挥我国经济发展中强政府
的优势，加强政府的引导作用，以市场为主体，建立完善的产业协同发展
的科技管理、人才流动及相应的财税金融制度支撑体系。在浙江省 "十
二五" 规划的基础上，出台 "浙江省加工制造业与装备制造业产业 '十
二五' 发展规划" 等引导产业协同发展的相关制度，并实现外在若干政
策制度的制度相容。

---

① 邵慰、陶晓丽：《基于制度创新提高辽宁装备制造业的竞争力研究中》，《中国科技论
坛》2009 年第 6 期。

第五章　中国装备制造业转型升级Ⅱ：技术跃升

第一节　装备制造业技术跃迁的传统路径

一　实施自主创新战略的对策

新能源汽车给了我国汽车产业赶超世界先进国家的机会，同时世界各国也极力通过发展新能源汽车以获得汽车工业今后在技术领域进步的相对优势。抓住这个难得的机会，加快创新步伐、加快产业升级已是学术界和汽车产业界的共识。本章通过对日本、欧美等发达国家的汽车创新规律的梳理和我国一些典型的汽车企业的创新特点进行了分析。研究表明，我国汽车工业企业创新能力提高、技术进步和升级是一个受技术、市场、组织、战略和制度环境决定的综合过程，在此基础上系统地探索这些因素在汽车制造企业技术创新过程中的作用机理，发现我国汽车工业企业提高自主创新能力的实现机制，确实是一项意义重大的战略前瞻。

（一）我国企业要跨越"以市场换技术"的学习和积累过程，树立自主国际品牌战略意识

近几年关于"市场换技术"是否成功的争论一直没有间断。就我国汽车产业的发展而言，重要的不是"市场换技术"是否成功，而是经过这些年的发展，汽车企业是否拥有国际竞争力的自主品牌和较强的技术创新能力。在激烈的国际竞争中，技术的生命周期变短了，企业只有不断地进行创新才能生存和发展下去，企业只有拥有国际竞争力的自主品牌才能摆脱"微笑曲线"的诅咒，避免沦为国际跨国汽车公司打工者的角色。观念是行为的出发点，自主品牌和创新能力起始于观念的创新。

（二）建立多元创新模式相结合的创新战略规划

从对日本、欧美及国内汽车企业创新特点的分析中，很难得出哪种创

新模式更好、更适合中国汽车企业发展的结论。基于我国社会经济、文化、技术等方面发展的不平衡性，企业可结合自身的实力和技术水平采用战略联盟模式、模仿创新机制、开放式创新机制、积累和自主创新机制、消化吸收再创新机制等多种创新模式相结合的方式进行创新。对新开发的同一产品的不同模块也可以采用不同的机制进行创新。

（三）大力培育和发展零部件供应企业

通过对中外汽车企业创新模式的比较发现，国外汽车企业的技术创新是由整车生产企业和零部件供应企业共同主导的。零部件供应企业的平均研发投入比甚至高于整车生产企业。而我国汽车技术创新则是由整车生产企业主导的，形成规模的、创新能力较强的零部件生产企业很少。零部件企业的创新主要是基于整车生产企业的要求且为了配合整车生产企业而进行的，自身的创新动力明显不足。

（四）汽车产业政策应从鼓励兼并重组、做大企业规模、发挥规模效益，向鼓励企业创新、鼓励自主品牌做大做强方向转变

金融危机后，国家汽车产业政策鼓励兼并重组，建立"四大四小"汽车集团。一方面，目前按照国家规划在全国范围内兼并重组的案例屈指可数。另一方面，一些企业在兼并重组后确实做大了，但是否就能做强，还难以完全确定。企业生存和发展的关键是做强，做强的关键则是具有较强的创新能力。对于比亚迪、吉利等具有较强创新能力和较强竞争力并拥有自主品牌的民营车企，国家政策应重点扶持。

（五）大力开发国家主导下的新能源汽车工程

研发新能源汽车成本高，风险高。美国、日本等国政府采取减免购置税、消费税、个人所得税等一系列措施扶持和促进新能源汽车的发展，鼓励消费者优先购买新能源汽车。由于处在新能源汽车技术尚未成熟的市场初级阶段，消费者使用的成本较高，因此，政府的支持和补贴是新能源汽车大规模走向市场不可或缺的因素。有鉴于此，当前必须加大新能源汽车研发的扶植力度，积极制定各种鼓励消费者使用新能源汽车的优惠政策。

（六）以基础理论创新引领应用技术创新

科技发展史证明，科学的发展特别是基础理论的发展，是应用技术发展的基础和进一步创新的保证。长期以来，我们采取实用主义的态度，片面强调应用技术的创新，忽视了基础理论的研究工作，不仅造成诺贝尔奖的"零纪录"，基础理论学科的长期滞后，还导致以汽车工业为代表的应

用学科技术创新的严重不足。为此，我们要从基础理论研究做起，加大投入力度，向国际理论研究前沿迈进，夯实中国技术创新的理论基础。

（七）以制度创新引领技术创新

技术的进步与发展取决于人，而人是制度环境的产物，因而制度创新是技术创新的基础和根源。即便是汽车产业的技术创新和发展，也需要社会整个制度层面的配合与跟进。① 我们应当站在整个社会的制度层面上，对相关制度特别是具体政策进行梳理，清除那些阻碍技术创新的政策，制定和颁布有利于技术创新与进步的政策，实现全社会制度各个层面的整体跟进和系统整合，开创中国汽车工业技术创新的新时代。

二　实施海外并购战略的对策

在对中国 78 家已经开始海外并购或有海外并购意向的装备制造业企业进行研究后发现，成功的海外并购需要满足"天时、地利、人和"的条件，三者缺一不可。由此得出以下结论：

（一）企业需要充分具备整合和管理被并购海外企业的能力

企业并购绝不仅仅是并购资金的问题，更重要的是并购后能不能整合资源达到预期的并购目的。企业需要提高自身的管理能力，拥有较多具有国际企业管理经验的管理人才。对并购目的进行合理而科学的定位，从而指导企业选择符合自身发展战略的目标公司，有明确的并购战略，对并购后企业的发展有科学合理的规划。企业做好自己的内部能力提升。

（二）装备制造业企业进行海外并购需要政府在融资、政策环境、政治等方面的支持

装备制造业是为国民经济各行业提供技术装备的战略性产业，产业关联度高、吸纳就业能力强、技术资金密集，是各行业产业升级、技术进步的重要保障和国家综合实力的集中体现。空客、波音等企业的发展也都有政府支持的背影。在对装备制造业企业海外并购中非常重要的融资渠道、中介机构、政策立法、政治保障等方面都需要政府的支持。政府提供有利的外部环境。

（三）进行海外并购需要合适的机会

合适机会的出现取决于拟并购企业的情况。是否能实现有效率的海外

---

① 邵慰、李怀：《中国汽车工业企业自主创新机制研究》，《财经问题研究》2013 年第 4 期。

并购,一方面取决于拟并购企业和本企业有较强的互补性,被并购企业能提供给并购企业核心技术、市场或者资源等竞争要素;另一方面取决于拟并购企业自身的经营状况和宏观经济环境。寻找最合适的时机进行并购无疑会大大降低企业的并购成本,为企业获得更大的效益。

(四)企业并购战略目标由获取衍生技术向前瞻性技术转变

创新一般从企业层面可划分为前瞻性技术(前沿技术)和应市产品开发(衍生技术创新,包括工艺改进)两大类。我国装备制造业以衍生技术为主的低层次创新是中国经济提升 30 年之后,企业创新能力提升效果不理想的根本原因。企业创新难以摆脱"引进—落后—再引进"魔咒。企业并购的目标必须向以获取前瞻性技术研发、夯实技术储备的方向转变。

第二节　装备制造业技术跃升的海外并购路径

当前,中国先进装备制造业的发展已经进入关键阶段,产品附加值低、配套能力差、产业集群程度低、产业链条短、产品技术含量低、国企比重过大等问题正深刻影响中国先进装备制造业的竞争力。"金融危机"引发的市场萎缩又对其提出了新的挑战。过去,中国先进装备制造业企业依靠其质优价低的战略占领了部分的低端市场,但是在激烈的市场竞争、利润率极低和人民币升值等诸多因素的作用下,企业的生存和可持续发展面临巨大的挑战,提高产品技术含量、升级产品层次是企业生存下去的唯一出路。我国企业的自主研发能力差,技术的储备少,应用的技术多是国际上面临淘汰的技术。所以,众多企业将目光瞄准了海外,期望通过进行跨国并购实现技术的跨越式升级,进而进行技术追赶,以提高企业的核心竞争力。关于企业跨国并购的文献屡见不鲜,许多学者做了大量的研究和贡献。国外文献的研究主要是从一般的企业跨国并购的视角上进行的。新制度经济学创始人科斯认为企业是市场机制的替代物,企业通过跨国并购,可以将原先的国际市场买卖关系转变为跨国公司内部的科层协调关系,从而降低交易费用。[①] 威廉姆森运用新古典经济学理论研究认为通过

---

① [美]科斯:《企业、市场与法律》,盛洪、陈郁译,生活·读书·新知三联书店 1996 年版,第 267 页。

跨国并购可以有效降低进入国外市场的壁垒，通过利用目标企业的经营要素，实现企业低成本、低风险的国际扩张，提高市场占有率，增强对市场的控制能力。① 波特从战略管理层面解释了跨国并购。他认为，跨国并购是企业战略形成和竞争优势的来源，跨国公司战略，实际是公司价值链上各环节经营活动在世界各地区的布局以及它们之间的协调情况两个战略变量的不同组合。② 在国内学术界，陈玉罡、李善民从交易成本视角对并购中主并公司的可预测性进行研究，公司的成长能力越强，成长能力与盈利能力之间的不平衡程度越高，并购可能性就越大。③ 于开乐、王铁民则从并购的开放式创新对企业自主创新的影响进行了研究，认为被并购方知识积累大于并购方或与并购方原知识积累形成互补，并购方有能力整合来自被并购方的创意，使外部创意内化为以开发新产品为表征的内生创新力量会使并购方有利。④ 侯汉坡等对基于技术并购的企业持续技术创新体系及实施方式进行了研究。⑤ 向平、王仲辉等学者对跨国并购战略的风险进行了分析。⑥⑦

　　总的来看，在中国先进装备制造业企业和企业海外并购的研究中，很少将二者有机结合起来。国内对企业海外并购的研究通常针对的都是一般企业的分析，没有针对装备制造业企业进行研究，而国外对企业海外并购的研究则偏重于实证和量的分析。另外，由于国外并没有装备制造业企业的提法，所以国外文献可供实践指导的意义并不大。我们认为，积极走出国门参加全球范围内的并购重组是中国先进装备制造业企业提高竞争力并成长为世界领先企业的必由之路。分析装备制造业进行海外并购的动因，探讨在后金融危机时代企业海外并购面临的困境，以及在此基础上如何实现并购风险的规避及并购收益的最大化，是该问题的关键。

---

　　① 陈郁编著：《企业制度与市场组织——交易费用经济学文选》，生活·读书·新知三联书店1996年版，第356页。

　　② ［美］波特：《竞争优势》，陈小悦译，华夏出版社2005年版，第328页。

　　③ 陈玉罡、李善民：《并购中主并公司的可预测性》，《经济研究》2007年第4期。

　　④ 于开乐、王铁民：《基于并购的开放式创新对企业自主创新的影响》，《管理世界》2008年第4期。

　　⑤ 侯汉坡：《基于技术并购的企业持续技术创新体系及实施方式研究》，《中国科技论坛》2009年第6期。

　　⑥ 向平、孔杰：《中国企业跨国并购式海外市场进入模式现状分析与风险管理》，《经济管理》2008年第2期。

　　⑦ 王仲辉、党晓磊：《制定跨国并购战略应注意的问题》，《经济纵横》2008年第3期。

一 影响企业海外并购意愿的调查分析

装备制造业不同于一般制造业，具有研发成本高昂、产品生命曲线长、产品生产线投入巨大、研发新产品风险高等特点。① 装备制造业对于国民经济运行非常重要，所以，很多世界著名的装备制造业企业背后都有政府支持的背影。所以，一旦企业产品技术落后于其他企业，路径依赖效应明显，需要大量的投入才能实现追赶。近几年来，中国先进装备制造业快速发展，企业海外并购做了一些尝试。2002 年大连机床集团并购美国英格索尔生产系统公司；2003 年并购英格索尔曲轴制造系统公司；2007 年北方重工集团并购法国 NFM 公司 2009 年大连远东工具集团收购德国维克刀具、美国格林菲尔德切削工具厂；2010 年吉利汽车收购沃尔沃 100% 的股权，上演了经典的蛇吞象。虽然装备制造业企业进行海外并购的动因不尽相同，但大致可以归因于以下因素及其组合。

（一）获取核心技术，实现技术跨越

调查发现，有 35.2% 的企业进行海外并购的主要原因就是为了获取被并购企业的核心技术，通过对并购技术的消化吸收、同时购买一些专利的使用权、对先进技术进行模仿创新以实现企业产品技术含量的跨越。企业所期望达到的产品附加值的技术跨越如图 5-1 所示。

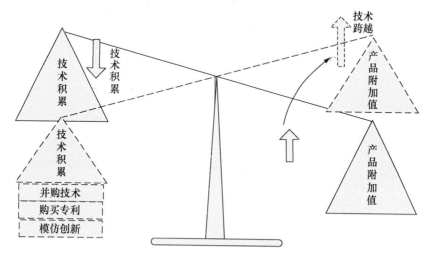

图 5-1 企业跨国并购后实现产品技术跨越的实现机制

---

① 邵慰、李杰义：《我国先进装备制造业海外并购与技术进步实证研究》，《科技进步与对策》2012 年第 15 期。

辽宁曙光集团并购美国德纳公司研发中心是此种并购动机的典型代表。位于底特律的美国德纳公司研发中心是以车桥及零部件为重点的研发机构，以其研发产品为重点的市场遍布北美、欧洲等市场，受金融危机的影响，企业运行发生困难。2009年5月曙光集团通过并购这家研发中心，利用高端技术人才，提供产品概念设计、产品设计、技术支持等一系列研发活动，从而提升曙光公司在车桥及零部件领域的自主创新能力，提升公司核心竞争力，使公司的研发能力迅速达到国际先进水平。

（二）追求规模经济，打破贸易壁垒

27.3%的受访企业希望通过并购实现规模经济并打破贸易壁垒。联想虽然在产品质量上处在世界第一集团企业范围内，但是在北美的竞标、投标却时常遭遇贸易壁垒。美国政府以国家安全为由拒绝采购联想电脑。2005年联想并购IBM的个人电脑业务，不仅成功地超越竞争对手成为世界第三大电脑制造企业，还打破了贸易壁垒，将产品直接打入北美市场。2011年初联想又与NEC合资，主要是想通过规模经济整合研发、生产、原材料采购，从而追赶像惠普等有实力的竞争对手。

（三）打通对外投资渠道，实施全球化战略

中国先进装备制造业企业经过30多年的发展强大起来以后，需要实施全球化战略。充分利用全球范围内的资源获得竞争优势。25.0%的受访企业希望通过横向并购可以减少竞争对手，提高市场占有率，增加对国际市场的控制力；而通过纵向并购控制关键资源、利用成熟品牌和销售渠道，限制竞争对手的活动，提高行业的准入门槛，迅速扩大在东道国市场的市场份额。我国企业对不发达地区的并购，多是出于这种动机。

被调研的78家企业海外并购动机构成如图5-2所示。

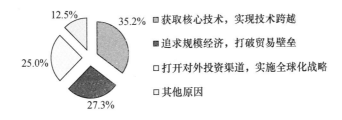

图5-2 企业进行海外并购动因

二 装备制造业企业海外并购面临的主要困境

调查问卷中设置的多项选择："贵企业海外并购面临的主要困境是什么？"问卷中列出的涉及资本、管理、政治、文化、财务等方面 13 个备选答案中，发现企业进行海外并购所面临的困境是多种多样的，但主要集中于以下几个方面。

（一）企业并购融资渠道狭窄

良好的金融和资本市场服务能大大降低国内企业海外并购的交易成本。而我国目前金融市场不发达，金融服务体系不健全，很难为企业跨国并购提供优质的金融服务。35.3% 的受访企业表示，企业并购最大的困难是融资难。银行贷款是企业主要的融资渠道。企业并购直接成本只是非常小的一部分，并购后的整合费用要比并购成本高 3—5 倍。并购本身就是一项风险高的活动，从银行贷款很困难，并购后获得后续贷款支持的困难则更大。另外，在资本市场上通过债券或股票等方式融资实施起来非常困难，而且周期也很长。企业有时候即使遇到了并购的好时机，苦于融资困难，融资渠道的匮乏便只能望而却步。

（二）尚未建立风险防范体系

32.8% 受访企业表示，并购的风险太高，我国风险防范体系尚不健全，使并购的不确定性大大增加。如何建立健全风险防范体系非常重要。海外并购中蕴含着诸多风险，有些风险发生在并购过程之后。2004 年沈阳机床集团并购德国希思公司，2004 年收购德国兹默曼公司 70% 股份曾让人对沈阳机床相关产品充满期待。但是，并购后由于新产品中对并购技术还没有完全消化，就直接使用，导致沈阳机床采用新技术的部分型号的产品质量不仅没有上升反而下降了。这是企业内部对技术消化的风险，海外收购风险还包括外部环境风险，如国家风险、法律风险、利率、产业风险、决策风险等。近十年来，因为战争等原因我国装备制造业企业在伊拉克、叙利亚等中东国家进行交通运输设备制造业的跨国并购损失惨重。大量前期投入得不到收回。我们亟须针对这些内外部风险建立一套适合我国实际的海外并购风险防范体系。

（三）缺乏有效的中介机构

21.1% 的受访企业表示，并购中信息严重不对称，国内缺少提供相关中介服务的机构。企业中介机构包括金融、保险、法律、理财、审计、教育与培训以及商会等。发达国家一般都有成熟的非政府中介组织系统，不仅为企业跨国并购提供从目标企业财务状况到所在国政府监管政策等各个环节的全面信息，而且还能代理并购中涉及的诸多法律手续与业务。15.6%受访企业表示，发达的中介市场会促进海外并购的实现，并降低并购中的不确定性和并购成本。中铝并购力拓的失败案例中，华尔街某著名财团既是中铝顾问又是力拓的联合经纪商；而且，中铝交易中止后，这家财团又成了"两拓联姻"的债券承销商。这样的并购很难保证中方的利益。目前，国内海外并购的中介机构力量还很薄弱。

（四）企业自身能力不足

19.5%的受访企业表示缺少海外企业管理的经验，并不具备海外并购的各方面能力。海外并购不仅仅是钱的问题，并购之后的管理问题是需要企业的能力的。金融危机虽然使国外的一些装备制造业企业深陷泥潭，但相对而言无法改变我国企业规模偏小、并购实力有限的现状。与历史相比，我国装备制造业企业实力得到大幅提高，但是在世界范围内，我国企业的规模和实力较小。2009年，腾中重工并购悍马案例，企业根本没有能力掌控一家通用汽车管理下的亏本企业。

（五）缺少并购海外科技型企业成功案例的示范效应

15.3%的受访企业表示，虽然有意参与海外并购，但是考虑许多实力远远超过自己的企业对并购后的企业仍然经营不善，甚至破产，就不愿意参与并购。更愿意将精力放到企业自身的发展或国内并购上来。近年来海外并购成功的案例非常少，从TCL收购阿尔卡特到上汽收购韩国双龙汽车，达到预期目标的非常少。大连机床2004年并购德国兹默曼公司和沈阳机床集团于同年完成对德国希斯公司的全资收购，等等，效果都不理想，到目前为止，不仅没有获得预期中的经济效益，反而遇到质量下降情况等很多问题。最近的机械论坛上，对沈阳机床在并购之后的质量下滑是一个热点，很多用户发现原来精准的数控机床现在不准确了，拨打其售后服务电话的次数越来越多。由于没有海外并购成功的示范，国内装备制造业企业对于海外并购缺少信心。

三　提高海外并购能力需要解决的关键问题

装备制造业的行业特点决定了仅依靠政府的扶持或者仅依靠市场的作用和企业自身的努力是不够的。需要政府和企业共同努力并相互配合，才能提高我国装备制造业的竞争力和海外并购能力。政府和企业相互作用的机理如图5-3所示。

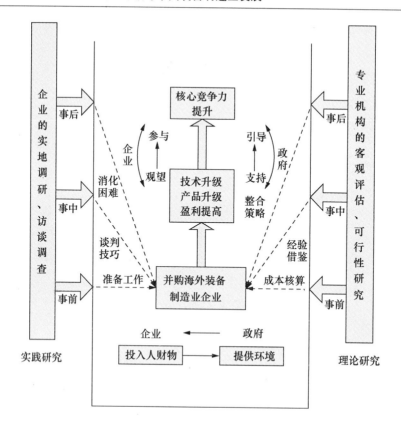

图 5 - 3　政府和企业相互作用机理

（一）企业要提高自身能力并增强风险防范意识

1. 要考虑经营和改造成本后的并购成本综合核算

企业并购中，收购的成本只是一小部分，更大的部分在于并购后的管理和经营投入成本。目前对海外装备制造业企业的并购核算中，最大的困难在于并购后的经营和管理成本的核算。科学的计算收购成本能最大限度地降低收购风险。

2. 我国装备制造业海外并购的有效模式和实现途径

海外企业并购有多种形式，可以 100% 股权收购，也可以控股。根据并购目的不同选择不同的并购策略。努力使风险最小化。企业在选择并购的支付方式时可以根据自身流动资金的数量、股价的波动性以及股权结构的变化等情况，对支付方式进行合理的结构设计，将支付方式设计成现金、股权与债务方式的各种有效组合，实行多种方式混合支付，以满足并购双方的需要。

3. 并购后技术的获取以及所并购企业产品逐步国产化实现策略

我国收购海外装备制造业企业。根本目的是以更小的成本获得更大的收益，提高产品竞争力，促进本国企业产品的结构升级。因为目前国内生产成本低，所以并购后海外企业产品国产化成为必然。如何对被并购企业技术的消化、吸收和管理往往决定了并购的成败。企业要加强这方面能力的提高。

4. 高度重视被并购企业当地的文化

无论采取何种形式进行海外并购，都有一个与东道主国家文化相互碰撞、交流和融合的问题。不同文化特质的企业间进行的并购重组，既是文化冲突的过程，也是文化整合、提升和优化的过程。上海汽车并购韩国双龙汽车失败的最主要原因之一，就是企业的发展所要采取的改革和当地强大的工会文化格格不入。文化整合虽然没有具体的指标可以衡量，却已经成为决定很多企业并购成败的关键。

（二）加强政府引导，提供有利的市场环境

1. 建立有效的中介机构支持

中介机构包括金融、保险、法律以及商会等。发达国家一般都有成熟的非政府中介组织系统，为企业跨国并购提供了从目标企业的财务状况到所属国政府监管政策等各个环节的全面信息。目前国内缺乏独立的、专业的海外并购评估机构或中介机构，特别是缺乏了解国情的本土中介机构。多数企业的海外并购评估都由企业自己完成或者由自己主导完成，这点存在一定的不合理性。政府应对相关的中介机构的建立和成长提供相对便利的环境。

2. 加强政府的协调与引导，改进政府对企业海外并购的管理和立法工作

海外并购并不是纯粹的企业行为，关系到我国经济持续发展和国际竞争力提升。虽然我国目前很重视企业的海外并购，而且出台了一些临时的鼓励措施，但是，人长期来看，我国需要出台一系列相关的、相互配合的政策法规。

3. 加强政府公关，避免目标国的政治化责问

在海外并购中，被并购方所在国家的政府扮演着重要角色。我国企业在并购之前，应当充分了解当地政府的政策和法律，避免发生冲突，并使

并购目的与当地政府的意图相吻合。并购过程中，一定要做好政府公关，与目标所在国政府保持良好的沟通，获得他们的支持与配合。另外，我国有实力的装备制造业企业大多数为国有企业，国有企业拿国家的资金进行海外并购与市场经济相背离，会遇到比民营企业并购更大的政治风险。

4. 降低企业融资成本，提供多方面融资渠道

当前，我国企业并购融资仅有的银行贷款、股票债券发行等外部融资方式还受到多方面的限制。我国实行资产负债比例管理，但受资产质量不高、资本金偏低及计划性经营理念等影响，在贷款的投向与投量上很难满足企业日益增长的多种需求。① 加之海外并购中除了对资金便捷性要求较高外，而且所需要的资金额一般数额比较大，并非企业的自有资金能够解决，这就造成了融资金额和融资方式之间的矛盾。政府需要对一些企业融资制度进行改革，在企业自负并购后果前提下，制定利于并购的政策。

第三节　装备制造业技术跃升的自主创新路径

从世界发达国家装备制造业的发展历程看，成套设备生产企业和零部件供应企业都具有较强的创新动力，零部件供应商在创新方面的投入高于整车生产企业，同时零部件生产企业的创新也有助于发现技术供应链中出现的问题。本章以装备制造业、交通运输设备制造业中的汽车工业为例，分析我国装备制造业的自主创新机制。

中国汽车工业经过改革开放后几十年特别是近十年的发展，汽车产销量迅猛增加，中国已开始进入"汽车生产大国"行列。2001 年，中国汽车产销量为 236.37 万辆和 273.1 万辆。数据显示，2014 年我国累计生产汽车 2372.29 万辆，同比增长 7.3%，销售汽车 2349.19 万辆，同比增长 6.9%，产销量连续五年保持世界第一。汽车产业是国民经济重要的支柱产业，产业链长、关联度高、就业面广、消费拉动大，在国民经济和社会发展中发挥着重要作用。2011 年，我国汽车产业对 GDP 的贡献超过 6%以上。然而汽车产业的蓬勃发展和汽车市场供销两旺的局面并没有改变中国汽车产业自主创新能力薄弱的局面。自主创新能力不足、关键核心技术

---

① 杜珊：《金融危机冲击下我国企业并购融资路径新探》，《现代财经》2009 年第 10 期。

缺乏、自主品牌竞争力差，使我国汽车产业技术受制于人，缺乏可持续发展的能力。汽车产业是典型的资本密集型和技术密集型产业。技术落后于发达国家，中国只能算是汽车生产大国而不是汽车制造大国。在国际产业链分工中，我国汽车企业也和其他很多行业的制造业一样，处于"微笑曲线"最底端。三十多年的"市场换技术"并没有改变为国际跨国汽车公司打工的角色。

　　目前，全球能源和环境危机促使世界汽车技术更新换代朝着新能源汽车方向发展，这给予我国汽车产业一个重大的发展机遇。从这个意义上说，我国汽车企业和国外跨国公司处在同一起跑线上。抓住新能源汽车的发展机遇，提高我国汽车工业企业自主创新能力，转变我国汽车企业打工者角色位置，以期在国际竞争中获得竞争优势等问题，已经引起越来越多的专家、学者的关注。从现有的文献来看，国内外学者对该问题的研究已经取得了一些有意义的成果。杨沿平等指出，自主创新能力薄弱是制约汽车产业可持续发展的根本原因。[①] 赵树宽分析了中国汽车业技术供应链效率低的根本原因。[②] 赵英指出，通过使自身全面融入世界汽车工业体系，中国汽车工业才会获得更加迅速的发展，并且逐步成为世界汽车工业的主要制造基地之一。[③] 干春晖等从国际汽车整车与零部件厂商协作关系角度探讨了对我国汽车工业发展的启示。[④] 阳立高等从开征研发税的角度对新能源汽车自主创新进行了分析。[⑤] 袁健红等从破坏性创新视角对中国新能源汽车产业发展路径进行了研究。[⑥] 上述学者的研究在我国汽车企业自主创新能力的重要性方面达成了共识，并倡导积极融入世界汽车体系，提出抓住了新能源汽车产业发展的机会，就有可能在技术上第一次超越国际竞争对手。但在如何理解我国汽车工业企业在工业化过程中的定位、汽车企

---

　　① 杨沿平、唐杰、周俊：《我国汽车产业自主创新现状、问题及对策研究》，《中国软科学》2006 年第 3 期。

　　② 赵树宽、赵鹏飞：《中国汽车业技术供应链技术效率评价研究》，《中国软科学》2010 年第 10 期。

　　③ 赵英：《中国汽车工业的发展趋势及对策》，《中国工业经济》2003 年第 4 期。

　　④ 干春晖、李素荣：《国际汽车整车与零部件厂商协作关系及我国汽车业发展战略》，《中国工业经济》2001 年第 12 期。

　　⑤ 阳立高、刘建江、杨沿平：《基于开征研发税的国家新能源汽车自主创新工程》，《科学管理研究》2010 年第 8 期。

　　⑥ 袁健红、张亮：《基于破坏性创新视角的中国新能源汽车产业发展路径研究》，《中国科技论坛》2010 年第 8 期。

业间技术转移的路径、如何通过培育自主创新能力实现汽车产业升级等一系列问题上，目前传统的技术战略与创新理论难以提供完整的理论解释。因为这些理论主要是以发达国家企业的发展历程为基础，不能完全适用于我国汽车工业企业。国内学者日益关注针对我国经济发展阶段和发展的特殊性，如何实现汽车工业企业自主创新的问题，但很多研究只是从产业经济学的角度入手，进行一般性描述，缺乏从管理学的新视野深入到具体企业进行剖析的探索性分析。而一些最新研究成果将为本书提供重要的启示和借鉴，尤其是需要深入探讨和总结国际汽车工业企业的有益经验。

一　发达国家装备制造业技术创新规律

20 世纪 70 年代末开始，经济全球化背景下的分工越来越细，企业外包活动的发展逐渐取代汽车制造业中趋于纵向一体化的垄断企业。零部件制造商和汽车装配企业的利益关系越来越紧密。汽车产业的激烈竞争使汽车装配企业只有不断地进行创新、不断地制造出更加质优价廉的产品才能取得竞争优势。反过来，汽车装配企业在竞争中获得的竞争优势对装配企业自身和零部件制造商来说都有非常大的益处。一方面，创新活动中的风险及收益的不确定性和汽车装配企业与零部件供应商之间信息的不对称性使得"搭便车"等机会主义行为存在。另一方面，由于汽车装配企业与零部件供应商之间可能存在长期合作关系，交易往往是重复进行的。因此，违背契约或者机会主义行为的成本非常高，那将导致企业失去在长期交易中从一个合作伙伴那里获得大量订单的收益，从而可以抑制机会主义行为。[①] 装配企业与供应商建立的关系不再仅仅以价格为基础，也要以诚信为基础。这样一来，企业的边界变得更加可渗透，不仅零部件外包，而且设计也外包，甚至 R&D 也外包。[②] 由此，供应网络中创新的程度与生成，技术在汽车装配企业和零部件供应商之间的扩散程度，就取决于汽车装配企业和零部件供应商之间关系的紧密程度。一般来说，日本汽车企业由于供应商比较少，企业生产网络控制比较强，技术扩散比较紧；而美国汽车企业由于供应商比较多，企业生产网络的控制比较弱，技术扩散表现得比较松。

---

①　杨瑞龙、冯健：《企业间网络的存在性：一个比较制度分析框架》，《江苏行政学院学报》2006 年第 1 期。

②　罗仲伟、冯健：《企业网络创新中的知识共享机制——丰田汽车的案例》，《经济管理》2007 年第 6 期。

（一）日本汽车企业技术创新的特点

日本汽车装配企业与零部件供应企业内部的相互持股形成紧密的企业网络结构。网络内部的企业成员在生产、战略、信息上存在密切联系，成为难以分割的利益相关者，形成超强的网络关系。以丰田公司和日本爱信精机株式会社为例。日本爱信精机株式会社是世界500强企业之一，世界第九大汽车零部件生产商，是世界著名的综合性汽车零部件厂家之一。主营变速箱、热机、刹车系统、车门系统、车内电子系统等。其中自动变速箱市场份额世界最大。公司62%的销售为供应丰田集团。丰田也持有其23%的股份。以爱信精机为代表的零部件供应商在向日本汽车装配企业供应零部件的同时，又通过自己的外包网络组织供应商为自己供货，由此形成多层级的供应商网络。如图5-4所示。

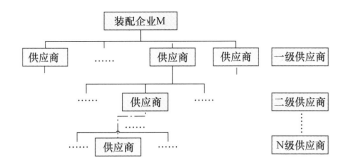

图5-4　日本汽车装配企业与零部件企业关系

汽车装配企业一般只与一级供应商进行业务往来。通过这种方式，汽车装配企业和零部件供应商选择了一些优秀的供应商作为自己的长期交易对象，从而大大降低了交易成本，保持了交易的持续稳定，同时也缩小了交易对象的范围。这种多层级式的结构是以汽车装配企业为主体、零部件供应商相配合的具有广泛协作关系的网络，以共同的利益为纽带维系着汽车装配企业与下级零部件供应商企业长期稳定的配套供应关系，最终形成了装配企业与零部件企业双向垄断、共同繁荣发展的局面。技术创新和扩散仅局限于网络内部的企业。具体的模式可以概括成"自上而下模式"和"自下而上模式"两种。

"自上而下模式"中的创新知识是由上层供应商向下层供应商扩散。在技术上，上层供应商向下层供应商派员进行技术指导；同时接纳下一级供应商到上一级企业参观学习，并吸收各相关工程技术人员参与产品的共同开发，实现新产品的同步开发。而零部件行业则以汽车整车厂为中心，成立各种协会并通过这种组织形式，各个主要公司逐渐形成自己系统的零部件供应体系。① 汽车装配企业更愿意将技术和知识与零部件企业分享。汽车装配企业可为零部件供应商提供大量的管理和生产技术方面的支持，这会大大提高零部件供应商生产效率，反过来也提高了汽车装配企业产品的竞争力，从而使得汽车装配企业及其供应商都可以获得经济效益和长期竞争优势。

"自下而上模式"中的创新知识则是由下层供应商向上层供应商扩散。相对于汽车装配企业，零部件供应商更知道如何设计出更优质的零部件，以及这些零部件如何更好地被使用。在这样的企业网络中，零部件供应商之间的竞争超越了价格竞争层面，在更高设计层面上展开竞争。日本汽车装配企业在新型号产品设计图纸确定之前，就已经在网络内组织下层供应商积极地参与新产品的设计和开发。汽车装配企业不仅根据价格，而且也根据零部件供应商的设计开发能力等进行多方面的动态评价，特别是在汽车新产品开发的早期阶段选定零部件供应商。② 也就是说，日本汽车零部件供应商更多的是根据装配企业提供的一些基本要求，进行详细设计、试制和实验。这种方式也被称为"黑箱零部件"。零部件供应商必须参与零部件的开发工作，不然就会在新产品投入市场时失去为汽车装配企业供货的机会。为此，就要长期积累设计开发能力，或者由装配商连续不断地提供技术支持，企业网络也就必然成为知识共享的创新组织或平台。在这种模式中，零部件供应商的创新活动推动了汽车装配企业新产品的开发设计。

（二）欧美汽车企业技术创新特点

与日本汽车装配企业与零部件供应商紧密的联系关系不同，欧美汽车装配企业与零部件供应商之间几乎没有资金上的关系，零部件供应商相对比较独立，它们的关系是平等的，在市场自由竞争的框架下开展合作。零部件供应商既可以向本国的一家汽车装配企业供货，也可以向其他的汽车装配企业供货。汽车装配企业以质量、技术、价格和服务为标准采用竞标

---

① 褚超美、钱向阳：《世界汽车产业"整零"关系模式的形成及特点分析》，《上海汽车》2008 年第 7 期。

② ［日］植草益：《日本的产业组织：理论与实践的前沿》，锁箭译，经济管理出版社 2000 年版，第 113 页。

的方式采购零部件，双方相对独立，属于一种合同契约关系，并不像日本企业那样有固定的零部件供应商。我们知道，1989年直接向丰田公司供应零部件的供应商只有270家，而同年直接向通用汽车公司供应零部件的厂家却多达12500家。尽管如此，通用汽车公司的零部件内制率仍高达50%—60%，而丰田公司则只有20%—30%。[1]欧美的汽车装配企业与零部件供应企业逐渐形成了平行结构的供应网络。如图5-5所示。

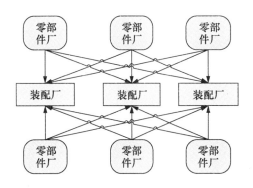

图5-5 欧美汽车装配企业与零部件供应企业关系

近些年来，美国汽车企业与日本汽车企业在创新方面的竞争一直处于下风。欧美汽车装配企业和零部件供应商的合作方式经过不断的战略调整，形成了欧美汽车企业间技术创新和扩散的三种模式：以开发整车项目为主的专业化模式、战略联盟模式和政府主导的间接合作模式。

模式1：以开发整车项目为主的专业化模式。全球性竞争日益加剧，产品制造工艺以及产品质量和成本方面不断改进，产品开发周期越来越短，这些因素使得传统的供应链组织模式发生了变革。在资本和产权相对独立的前提下，汽车装配企业和零部件供应企业的长期战略、技术规划不可能达到完全一致，然而，它们又相互依赖对方的创新和发展。在这种情况下，单个新整车产品项目的开发合作比较容易达成。在汽车装配企业主导下进行新产品的零部件招标，一旦确定了零部件供应商后，双方就对新产品展开技术创新的合作。在成为中标企业前，零部件供应商对自己的技术往往加以严格保密，而一旦成为中标企业后，局限于新产品的范围，双

[1] ［日］青木昌彦：《比较制度分析》，周黎安译，上海远东出版社2001年版，第205—211页。

方为了达到共同的意愿而往往进行知识、信息和技术等方面的共享。

模式2：战略联盟模式。这是欧美最常见的一种合作模式：汽车装配企业与零部件供应企业之间形成一种战略联盟关系。该模式是二者之间在利益共享基础上形成一种优势互补、分工协作的松散式网络化联盟。即汽车装配企业在追求长期竞争优势过程中，为达到阶段性企业目标而与零部件企业结盟，相互交换互补性资源，以利于双方企业之间形成合力优势，共同应对强大市场竞争或多变市场需求的一种组织形式。[①] 一方面，在该关系模式下，双方关系变得越来越紧密。零部件厂商要承担产品设计、制造、检验、质量保证、及时供货以及市场服务的全部责任。同时，整车厂商逐步压缩直接供应源，尽可能减少直接交易的配套厂。另一方面，由于双方毕竟是彼此独立的利益主体，尽管双方之间的联盟关系是以共同利益为基础，然而双方毕竟存在着自我利益，这就意味着联盟关系潜伏着某种不稳定性。在战略联盟中，汽车装配企业将零部件的设计和开发都交给了供应商。零部件供应商的技术创新成果虽然知识产权不归装配企业所有，但为装配企业所用，并且创新成果具有排他性。

模式3：政府主导的间接合作模式。美国汽车产业界完全意识到，汽车产业的发展已经不是整个汽车产业本身的问题，而是美国与其他国家在围绕汽车制造背后的知识储备、知识再加工、技术开发、技术合成、产品研制、产业政策等产业创新体系内的深层次问题。[②] 于是，美国政府开始介入汽车产业的创新活动。1993年9月，由克林顿政府发起，副总统戈尔直接分管，商务部、能源部、内务部、国防部、交通部、环保局、国家航空航天局、国家科学基金委8个联邦机构及相关大学与国家实验室、三大汽车公司和有关协作厂商共计38个州的453家单位参与进来的共同研究开发下一代节能、低公害汽车的联合研究项目——PNGV计划。[③] 立项研究子课题758项。政府与企业各自承担50%的研发费用。政府侧重投资基础研究，产业界在研究开发接近商业化阶段时增加投资比重。由美国政府主导的这一创新战略，极大地推进了技术在参与企业间的扩散速度，技术创新的成果将使所有参与企业都能从中受益。

---

① 刘志迎、王砚：《美国汽车产业"整零"关系演变及对中国启示》，《上海汽车》2009年第8期。

② 胡登峰、王丽萍：《论我国新能源汽车产业创新体系建设》，《软科学》2010年第2期。

③ 牟仁艳、胡树华：《美国国家汽车创新工程研究》，《汽车工业研究》2006年第11期。

二　中国装备制造业提高技术水平和创新能力基本模式

我国汽车工业从 1953 年起步，全面移植苏联吉斯汽车制造厂模式，依靠消化吸收引进的技术，初步具备了中型货车仿制能力，到 2009 年汽车产销量位居世界第一位，站到新的历史起跑线上。我国汽车技术的进步一直和国外汽车厂商的作用密不可分。国外汽车企业，特别是欧美汽车企业和日本汽车企业技术创新和扩散的模式对我国企业有非常大的影响，由此决定了我国汽车工业企业在提高技术水平和创新能力等方面的特有模式。

（一）模仿 + 创新

比亚迪无疑是中国最成功的汽车企业之一。2003 年 1 月 23 日，比亚迪从收购西安秦川汽车有限责任公司起，进入汽车制造和销售领域。到 2011 年年底为止，短短的 9 年时间里，比亚迪的汽车销量达到了 44.85 万辆。其中比亚迪 F3 车型销售量排中国大陆畅销国产车第一名。比亚迪创造性模仿的具体做法是：由车间工程师将拟模仿的国外汽车企业最成功车型进行拆解，然后由知识产权方面的专家对该车的每个模块进行专利分析，对于非专利的部分再由产品研发团队进行研发升级，然后再由知识产权专家对改造后的成果进行专利申报，再对各知识单元进行有效整合，使创新技术的实际成果转化成新产品。比亚迪模仿创新机制如图 5 - 6 所示。

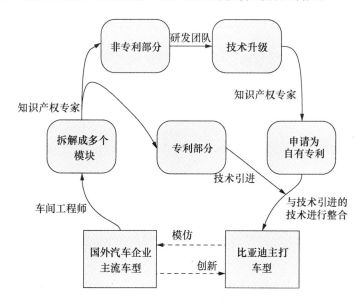

图 5 - 6　比亚迪汽车技术的创新

比亚迪汽车研发技术和生产技术上采取一种化整为零的方式，从而更清晰地反映知识转移和整合的方式和路径，更快速地连接知识创新与产品创新，有效地提高产品开发质量和柔性。① 比亚迪构建一个开放式的知识传导体系，在技术专利和知识存量缺乏的情况下，找到了一条从模仿到创新的"快捷路径"。事实证明，"模仿+创新"是国外先进汽车企业知识和技术向国内车企扩散的高效途径。

（二）开放式创新

奇瑞公司是开放式创新的典型。短短几年时间，奇瑞开发出多款具有国际竞争力的新车型，创造出中国汽车史上的多项第一，是我国汽车行业中最具活力、发展速度最快、具有自主知识产权的企业。② 2011 年，销量实现 64.3 万辆，连续 11 年蝉联中国自主品牌销量冠军。奇瑞在研发经费有限的情况下，积极寻求研发合作者，通过控股设计开发、委托设计、协同配套开发等多种合作形式，牢牢地把握住"自我主导"的方向，巧妙地实行了同国外汽车公司的合作，借鉴国外技术为我所用。奇瑞公司与奥地利 AVL 公司合作，开发了 18 款环保汽车发动机，全部达到欧 Ⅳ 排放标准就是这种开放创新的典型案例。同时还积极并购创新能力较强的中小企业，大力推进与大学合作研究等项工作。开放式创新已成为企业应对激烈竞争，打破企业之间、企业与研究机构之间、不同国籍之间壁垒的一种特殊手段。可以说，开放式创新是欧美汽车企业"开发整车项目为主的专业化模式"的中国化实践。

（三）积累和自主创新

并购沃尔沃，上演蛇吞象。吉利汽车让国人眼前一亮。2011 年，吉利实现整车销售 43 万辆，位列中国汽车企业销售前十名。吉利汽车是我国自主研发企业的代表。产业化的 Z 系列自动变速器、EPS、BMBS 爆胎安全控制技术、新能源汽车等高新技术的应用曾获得国内多个第一。企业拥有各种专利 1600 多项，其中发明专利 110 多项，国际专利 20 多项。吉利被认定为国家级"企业技术中心"、"博士后工作站"、"高新技术企业"。在中国汽车市场竞争白热化的情况下，吉利汽车作为民营

---

① 江积海：《后发企业知识传导与新产品开发的路径及其机制——比亚迪汽车公司的案例研究》，《科学学研究》2010 年第 4 期。

② 朱礼龙、周德群：《自主创新：中国汽车产业的崛起之路——以安徽汽车产业自主创新发展为例》，《企业经济》2006 年第 3 期。

企业，在没有信贷等政策支持条件下，仅靠创业初期制造初级产品、依靠低成本取胜的路径已经走不通。吉利人意识到企业要生存下去唯有创新。吉利的自主创新模式由企业家创新精神、人才和研发投入等要素构成（见图5-7）。

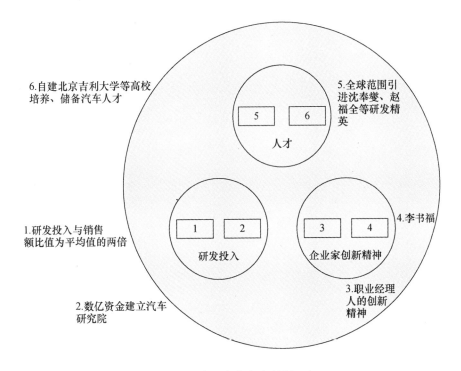

图5-7　吉利汽车自主创新示意

（1）企业家创新精神。在富有企业家精神的领导者李书福领导下，吉利企业创建了富有创新意识的企业文化，引入了创新意识强劲的职业经理人。

（2）引进人才和培养人才。技术的积累是创新的必要条件，而这恰恰是吉利所缺乏的，但人才是技术的载体，通过引进和培养人才可以迅速弥补技术积累的薄弱。吉利技术引进的顶尖人才有韩国大宇总裁沈奉燮，华晨研发副总裁赵福全等数百名。同时投资数亿元建立北京吉利大学、临海浙江吉利汽车技师学院等高等院校以做人才储备。

（3）研发投入高。吉利有超过1700名研发人员，2011年，吉利研发投入占销售额的8%，超过世界车企平均比重4%的1倍。远超过同年东风和上汽研发销售比。另外，公司还投资数亿元建立了吉利汽车研究院，为研发人员提供了知识共享的良好环境。

（四）消化吸收再创新机制

一直以来，我国汽车产业发展最大的困难是缺少技术。改革开放以后，以一汽为代表的国有大型汽车生产企业积极通过对外合资合作来提升技术水平。在这一阶段，汽车产业的技术引进规模不断扩大，深度不断增加，技术引进方式随之多样化，开辟了利用外资、引进技术、加快发展等多条路径。它的突出特征是采用了"市场换技术"的发展模式，根本目标是通过引进技术并消化吸收，达到再创新，最终形成自主研究与开发能力，以此促进中国汽车产业技术的全面提升。[①] 2011 年，一汽集团汽车产量为 260.14 万辆，同比增长 1.7%，其中自有品牌销售 47.8 万辆，位列2011 年中国自主品牌销量第二位。一汽集团利用与跨国企业合资的机会，消化吸收国外汽车企业的技术，开发自有品牌新产品。跨国公司与一汽合资建厂对技术是极其保密的，建立的生产线都是过时的技术和成套设备。跨国公司来中国合资建厂的目的就是赚钱，而不是来提高中国汽车工业水平的。但是"以市场换技术"不等同于"以市场换资本"和"以市场换设备和生产线"。一汽通过合资学习先进技术，加大研发力度，对国外技术进行消化吸收达到再创新。奔腾系列轿车就是对国外技术消化吸收达到再创新的产物。奔腾基于新 MAZDA6 应用平台，进行了大量适应性开发。奔腾吸收当今先进技术，致力于设计、生产最符合用户需求的自主产品。截至目前，一汽奔腾旗下已拥有奔腾 B70、奔腾 B70HEV、奔腾 B50、奔腾 B50HEV 四款车型。在合资企业中，尽管外企主观上不愿意共享知识和技术，但在客观上却使中国汽车企业的技术水平和零部件企业的工业基础上了一个新的台阶。这种知识和技术的扩散是由外企技术先进的正外部性引发的。同时，一汽等大型汽车集团和骨干企业的基础条件较好，开发投入总额明显高于行业平均水平，并已建立了具有一定规模的企业研发中心。在技术、人才、规模上具有明显的竞争优势，综合竞争实力较强。

三 中国装备制造业技术创新趋势分析

（一）市场因素

中国已经成为世界销售最大和增长最快的汽车市场，并且中国的汽车

---

① 吕朋、巩顺龙：《我国汽车产业技术创新可行模式探析》，《经济纵横》2009 年第 9 期。

市场已经进入了未来 20 年的快速增长期。我国目前的汽车保有量为每千人 40 辆，而美、日两国是在 800 辆左右。我国人均 GDP 已达 3000 美元，根据国际经验，目前我国正处于汽车工业大有可为的发展阶段。从现在的产销量 1000 万辆到 2000 万辆，可能只需要 5—6 年时间。2025 年左右也可以实现 3000 万辆。市场的快速增长为汽车生产厂家提供了发展机会。

（二）技术生命周期

技术生命周期是技术发展变化的内在规律，是技术性能特征满足使用者需求程度随时间发生的变化轨迹。它包含四个阶段：导入阶段、生长阶段、成熟阶段和衰退阶段。近些年来，中国消费者的品位和需求在逐步提高，所以汽车应用中的技术的生命周期在变短，技术创新的频率不断加快，技术淘汰的周期在缩短，用过时技术生产出来的汽车不会被消费者所接受，这就要求汽车生产者加快技术创新的步伐，避免被市场所淘汰。

（三）竞争因素

我国汽车市场的竞争是非常激烈的，全国有 100 多家整车生产企业，几乎每一种型号的汽车消费者都有数十种的选择。在较低的竞争层面，以价格竞争来抢占市场的路已经越走越窄，迫切需要进行产业升级来增加产品的附加值。而产业升级离不开技术创新。一方面，激烈的竞争迫使汽车企业为了生存进行技术创新；另一方面，技术创新推进了竞争向新的阶段发展。从这个层面上说，竞争态势和技术创新互为因果关系。

（四）环保因素

车用石油消耗所产生的空气污染和二氧化碳排放污染已经越来越严重，全球范围内越来越关注汽车环保问题，各国纷纷出台越来越严格的汽车排放环保标准。欧洲从 2005 年就开始实行欧 4 标准，2009 年 9 月实施欧 5 标准，2014 年将实施欧 6 标准，每五年就更新和提高环保标准。我国"十二五"期间将加强新生产车辆的排放控制，包括制定更严格的排放标准，未达到环保标准的汽车将不能在市场上销售。这样，汽车生产厂家就不得不进行技术创新，节能环保汽车也将不断更新换代，越来越普及。

四　实施自主创新战略对策

（一）新能源汽车

技术的变革与创新总是不断改变着人们的生活方式，新能源产业致力于创造一个可持续的未来，将经济、环境和社会发展的长期目标作为考量商业与经营模式的核心与关键，是整个汽车行业和每一个汽车企业都必须认真思考的重大核心问题。

首先，重大的变革同时也蕴含着重大的机遇。在新能源汽车发展战略上，我国汽车企业第一次拥有与西方发达国家的汽车企业同台竞技的机会，也是历史上第一次有可能超越我们竞争对手的历史机遇。

其次，我国和世界上多数国家的环保标准越来越高，传统的汽车工艺已经无法达到新标准的要求，这就需要汽车企业不断开发新能源汽车，只有发展新能源汽车才是企业生存和获得长久竞争优势的唯一途径。

再次，新能源汽车是国家汽车产业定位的支持方向。2009年国家出台《汽车产业调整和振兴规划》，确定了我国实施新能源汽车的战略规划，提出了一系列具体的支持和鼓励措施。在国家政策的导向下，新能源汽车领域一定会有所作为。

最后，消费者将越来越倾向于选择新能源汽车。石油作为不可再生资源，价格会越来越贵。以石油为燃料的汽车使用成本也会越来越高。在其他条件相近的情况下，使用新能源汽车会给消费者节约大量的金钱。市场机制会自动使资源的配置达到最优状态，新能源汽车必然会逐渐替代传统汽车。

（二）计算机智能系统的应用

计算机智能系统在汽车领域的应用有两个层面。第一个层面是计算机辅助设计和制造。CAD、CAM、CAE、CIMS等计算机技术早已进入汽车领域，计算机逐步代替人脑承担起较为复杂的计算和分析，CAD等现代设计方法帮助工程师们抛掉传统手工方式，既方便设计，又能改善设计质量，缩短设计周期。因此，国外著名汽车公司都不惜花巨资实施CAD技术，一方面加快新车型上市的速度以满足复杂多变的市场需求，另一方面节省开发成本，向消费者提供物美价廉、物超所值的产品，从而提高自身市场竞争力。计算机辅助设计和制造的低成本、高效率、高精确度等优点，已经成为汽车企业生存和发展的必要条件。第二个层面是计算机智能系统在汽车上发挥重要功能。现在计算机智能系统在汽车上已经有很多应用。当前的智能汽车能够让车主轻车熟路抵达陌生地点。"车载电脑"、"GPS导航"、"车载通信"、"数字娱乐"、"辅助驾驶"等都是依靠计算机实现的。汽车产业将发生翻天覆地的变化。未来的产业链很可能将汽车制造商、汽车电子设备提供商、软件厂商、通信运营商整合在一起，届时会出现兼具软硬件优势的超大型企业，它将通过为智能汽车提供综合性解决方案而成为未来智能汽车产业链的核心。

案例：黄海汽车的自主创新策略

近年来，丹东黄海汽车有限责任公司保持良好发展势头。2007年，黄海客车荣获"中国名牌"和"中国驰名商标"称号。2008年北京奥运会期间，丹东黄海"零故障"圆满地完成了奥运服务任务。但是，2008年郑州宇通公交车销量达5558辆，同比增长65%，从2007年的行业第三名跃升为第一名。昔日公交车市场霸主——丹东黄海公交车销量仅为3889辆，痛失公交车市场连续三年的"头把交椅"。到了2014年，丹东黄海的产销量排名已经下滑到全国第五名。

振兴汽车产业对于辽宁省"促就业，保增长"具有重要意义。2008年11月9日国务院常务会议确定4万亿元救市政策后，2009年1月14日国务院通过了《汽车钢铁业振兴规划》，2009年3月20日国务院又通过了《汽车产业调整和振兴规划细则》。国家相关规划的出台必然要有相应的资金或者政策的支持。这些规划的出台对于黄海汽车都是利好消息。作为辽宁省重要的汽车企业之一的黄海汽车可以利用这次国家振兴汽车产业的机会，争取国家的资金和政策支持，促进自身产业链的升级，提高企业核心竞争力，使企业做强做大。但是，在最近的调研中发现，面对着"金融海啸"和日趋白热化的市场竞争，黄海汽车想提高市场份额，提升企业竞争力，夺回市场占有率的头把交椅还需要解决几个市场和战略方面的问题。

一　产品结构升级落后于国内先进企业

新能源汽车是未来汽车发展的必然趋势。国家对于新能源汽车发展非常重视。科技部负责人在2009中国国际节能减排和新能源科技高层论坛上表示，科技部将加快推广应用一批能有效促进节能减排技术改造和产业升级的先进适用技术，到2012年，在公共交通领域将推广6万辆节能与新能源汽车。国内各客车制造企业都想在此次产品结构升级中获得领先优势。南京依维柯首批纯电动轻客正式交付使用，一举打破了中国轻客行业纯电动车量产的空白，在2009年春天拔得了新能源市场的"头筹"。纯电动大型客车早在北京奥运会期间，就在北京市京华客车有限责任公司实现了批量生产。进入2009年，中通客车、安凯客车、福田客车生产的纯电动大型客车陆续交付用户使用。海格客车、中大客车等纯电动大型客车即将量产。大金龙客车、恒通客车气电混合动力车的技术也非常成熟，产品已量产并交付用户使用。而黄海客车从 2008 年才开始研发新能源汽车，包括混合动力汽车、纯电动汽车以及超级电容车等，进行了一系列产品的试制。混合动力客车刚刚在鸭绿江旅游节上推入市场，但是纯电动客车进入量产还需要一段时间。黄海汽车的新能源汽车步伐和行业领先的企业相比已经落后了。抢占市场先机，不是能不能获得盈利的问题，而是能不能在未来生存下去的问题。

二　开拓出口市场步伐缓慢

2008 年，中国客车累计出口 21156 辆。按照出口金额排名前 10 名的企业依次是宇通、苏州金龙、厦门金龙、中通客车、厦门金旅、福田、江淮客车、申龙客车、中大、友谊客车。黄海汽车没有进入前 10 名。2008 年按照公交客车出口金额排名前 10 名的企业依次是苏州金龙、厦门金龙、宇通、福田、江淮客车、申龙客车、友谊客车、中通客车、安凯客车、盐城中威。作为国内行业前列的黄海汽车在自己的传统优势项目——公交客车上仍然没有进入前 10 名。进入 2009 年，虽然国际经济形势不景气，但是一些企业仍然业绩优良。2009 年 2 月 14 日，厦门金龙联合汽车工业有限公司获得了塞内加尔 406 辆城市公交的订单。截至 2009 年 3 月初，作为后起之秀的百路佳接到澳洲新订单已经 200 多辆，公司整体生产计划已经排到 2009 年 6 月。出口美国的客车订单已达 120 辆，出口欧洲市场也已达成初步合作意向。宇通、福田等企业也陆续会接下新的订单，黄海汽车出口步伐缓慢的局面到 2014 年第三个季度仍然没有得到扭转。2014 年 1—9 月共计出口大中型客车 17498 辆，出口金额 83.03 亿元（人民币），分别增长 25.83%、27.93%。按照出口销量排名前 10 名的企业依次是：宇通、桂林客车、保定长安、东风襄阳、东风特汽、中通、河南少林、金龙联合、江西博能、上海申龙。丹东黄海位居第 14 位。

三　母公司战略方向转向多元化

黄海客车是辽宁曙光集团股份有限公司下属的子公司。辽宁曙光集团近几年将战略重点放到了乘用车上，因此黄海客车的相关投资会受到影响，进而会影响公司在传统优势领域客车市场的竞争优势。2008 年 5 月 26 日，曙光集团在丹东临港产业园金泉工业区举行了 6 万辆黄海乘用车生产基地的奠基仪式。该项目一期总投资 8.1 亿元，建成达产后可实现年产整车 6 万辆，主要生产法萨特（faster）运动型多功能轿车。在轿车上大规模的投资势必会影响到在客车上的投资。受金融危机影响，国外消费市场疲软，国际汽车巨头纷纷将战略重点转向中国，国内轿车市场的竞争是异常激烈的。曙光集团在轿车领域的竞争力目前还不具有优势，年销售量达到产能设计的6万辆是非常不乐观的。即使将一期8.1亿元的巨额投入收回，也需要很长时间。

针对这几个存在的问题，提出以下建议。

（一）利用国家对新能源汽车开发的支持政策，大力开发新能源汽车

中央在《规划》中提出实施新能源汽车战略。推动纯电动汽车、充电式混合动力汽车及其关键零部件的产业化。掌握新能源汽车的专用发动机和动力模块（电机、电池及管理系统等）的优化设计技术、规模生产工艺和成本控之技术。21世纪的中国面临两个严峻的问题：一是能源；二是环保。能源结构中，中国石油对外依存度已超过50%，对外依存度过高，不利于中国的国家安全。节能的当务之急就是减少石油用量。而石油的最大用量就是汽车，因此，减少汽车石油用量是重中之重。发展新能源汽车是交通领域应对未来能源危机和环保问题的必由之路。新能源汽车必然会成为国家政策长期支持的重点。新能源汽车是汽车产业的又一次革命，必将逐渐替代传统汽车。在这次产品的升级中，必将是一次行业的大洗牌，一大批企业将会被市场淘汰，同时一大批企业会崛起。黄海汽车要成为行业的领导者必须在新能源汽车领域大有作为。

（二）利用国家对使用新能源汽车的财政补贴政策，积极参与试点城市新能源客车的采购竞标

2009年1月23日，财政部、科技部联合下发了《关于开展节能与新能源汽车示范推广试点工作的通知》。在北京、大连等13个城市开展节能与新能源汽车示范推广试点工作，以财政政策鼓励在公交、出租、公务、环卫和邮政等公共服务领域率先推广使用节能与新能源汽车，对推广使用单位购买节能与新能源汽车给予补助。其中，中央财政重点对购置节能与新能源汽车给予补助，地方财政重点对相关配套设施建设及维护保养给予补助。下一步节能与新能源汽车的推广工作在全国全面开展的可能性很大。黄海汽车要及时跟踪最新形势，分析形势并预测未来形势的发展，提早做出准备。

（三）积极开拓海外市场

首先，黄海汽车具有良好的基础和丰富的国际贸易经验，开拓海外市

场存在很大提升空间。根据目前黄海汽车的实力在国内客车行业中的排名与其出口海外市场的业绩是不相符的。并且公司 2005 年和 2006 年出口的业绩都是不错的。其次，可以促进黄海汽车的产业结构调整。国内对环保要求越来越高，几年后将逐渐采用国IV标准，这将使一些客车的生产线以后不能使用。但是，中国客车的主要出口市场是非洲等国家，按照这些国家的技术标准，这些生产线仍然可以使用。开拓海外市场可以变废为宝，给企业带来新的效益。最后，加入世界贸易组织以来，中国经济已经和世界经济紧密结合在一起。资源的全球化配置是企业做强做大提高竞争力的途径之一。黄海汽车要做成世界级大企业，也需要实施海外战略，合理配置资源。

（四）适时进行战略调整

曙光集团的战略重点应转移到具有传统竞争优势的客车上来。曙光集团的主要盈利点还是在客车领域。集团的其他业务，如 SUV 等领域即使投入巨额资金也很难和大公司竞争。一方面，SUV 经过 2003 年的黄金销售期和 2004—2007 年的高速增长期，几乎所有的国际巨头都加大了对 SUV 的生产投入，牢牢地占据了高端、中端市场。即使是在低端市场，奇瑞瑞虎、长城哈弗、北汽福田传奇、江淮瑞鹰等国内车企也牢牢地占据着市场占有率的前几名。曙光汽车新基地一期就将产能定位在 6 万辆，比奇瑞 2008 年销售峰值的 5.2 万辆多出 8000 辆。这样的计划很难实现。另一方面，国内油价不断攀升和国家政策倾向于节能和小排量汽车，都使 SUV 的发展面临着极为严峻的考验。在两个月前公布的汽车产业振兴规划中，对 1.6 升以下的汽车给予了政策上的支持。这样的政策将使人们的选择更倾向于小排量车而不是 SUV。

推动黄海汽车、华晨汽车的合作。在合作的形式上，可以借鉴安徽和北汽集团的经验。安徽省上月出台了《安徽省汽车产业调整和振兴规划》，由政府主导在安徽范围内对包括奇瑞、江淮在内的汽车企业进行联合重组，组建产能达百万的大汽车集团。奇瑞与江淮第一步是联合，以后一步步进行业务重组，这样不仅减小了重组的阻力，同时也最大限度地减少整合的成本。北汽集团整合福田汽车、北京现代以及北京零部件企业也采取了同样的做法。在研发上，对研发新能源汽车等共有的技术问题，双方可以进行分工，技术成果共享。在销售上，黄海汽车应向华晨学习海外营销经验，双方可以组成汽车行业代表团到海外进行产品推销。

第六章 中国装备制造业转型升级Ⅲ：人才培养

人才培养与技术创新是高端装备制造业的两翼。在高端装备制造业领域，技术人才主要分为研发人员和高技能蓝领两种。前一种，随着中国高等教育的普及和对外开放力度的加大，国内培养加上国际人才回流，一股科技人才创业创新大军正在国内形成。业界也普遍认识到了研发人员的重要性。后一种人才，实际上是行业内最紧缺的，也是最需要解决的问题。我国高技能蓝领紧缺的问题现在逐渐得到重视。

第一节 加强国内人才培养

一 加强职业教育的支持力度

在广东沿海城市的高科技工业园里，从事高端制造业的高级技工，每个月的工资少则六七千元，高的已经超过1万元，个别高端的甚至会更高。技能人才的薪酬待遇已经随着人力成本和技术革新的需要发生了不可逆转的改变。德国制造为什么会在全球金融危机中一枝独秀？美国的制造业为什么会出现复苏？一个非常重要的原因就在于它们都有强大的技能人才培养体系。我国高端制造业如果真正要实现崛起，加大高技能人才培养体系建设是必要条件。从需求角度看，企业对高技能人才的需求只能会越来越大。现在的问题出现在供给上。虽然国家很重视技能人才的培养，但与庞大的需求相比，还有差距。

《教育规划纲要》提出"以提高质量为重点大力发展职业教育、调动行业企业的积极性、加快发展面向农村的职业教育和增强职业教育吸引力"的四项重大任务。提高高级技工的素质国内外普遍采取的做法是加强职业教育的支持力度。结合我国具体情况，可采取以下措施。

（一）加大职业院校校企合作支持力度

首先，加强教师和装备制造业技术人员的交流，建设"双师型"教师队伍。教育部已经出台专业教师到企业实习实践的相关政策，鼓励合作企业为职业院校提供生产一线见习和实践的机会，使专业教师更多地了解企业技术发展、装备现状及未来学生工作岗位知识和技能需求。合作企业可以申请作为职业院校教师开展实践活动的技能培训基地，也可以选派技术人员担任兼职教师，提高职业教育师资水平。其次，共建实训基地，营造培养技能型人才的专业环境氛围。希望参加校企合作的企业能够为合作院校提供企业界主流使用的仪器设备。统筹职业教育资源，依托大型企业、重点院校建设技能型、高技能型人才培养和实训基地。也要通过职业教育基础能力建设、实训基地等项目支持项目学校建设，不断完善相关专业的技能教室和实训场地，提供职业院校学生"学中做，做中学"的教学实践环境，帮助他们养成良好的职业操守和工作习惯，具备较强的工作技能。最后，鼓励企业参与教材的开发建设。对于校企合作的教材，确实有推广价值的，给予一定的教材编写补贴，并积极推广到其他高职院校。

（二）允许营利性职业教育机构实行企业化、股份制运行

必须利用一切可以利用的方式和途径提高劳动者工作技能和个人素质，让国家立于竞争的不败之地。当前我国面临产业升级和经济转型的艰巨任务，高水平技术工人的有效供给不足已经成为发展的"瓶颈"。应充分吸收民间资本，动员全社会力量和资本发展职业教育，这既是职业教育本身的必然选择，也是经济转型升级实现可持续发展的必然要求。结合国情，在现阶段应该实行国家投入和民间资本投入相结合、营利性职业教育机构和非营利性职业教育机构共同发展的方针政策。国家财政投入的职业教育机构归属非营利性教育机构，充分体现其公益性，特别是为未成年人提供学习职业技能的基本保障。社会资本投资的职业教育机构允许其是营利性教育机构。营利性职业教育机构实行企业化、股份制运行，政府放开其在招生规模、收费等方面的管制，让其面向市场自我约束、自我发展。这不仅是尊重职业教育发展的规律，也对职业教育长远发展有益。

（三）大力推进职业院校上层次

教育部正在探索建立包括中职、高职、应用本科、专业硕士等的职业教育体系，尽快解决当前中职与高职脱节的问题。并且已经批准了本科层次的职业技术学院。开展本科及以上层次应用型技术教育将提高装备制造

业技术人员的培养质量。我国当前有实力冲击本科层次的高职院校至少有十所。培育和组织有实力的高职院校冲击本科教学层次的职业院校是有必要的。辽宁、浙江和江苏等都是装备制造业大省，都有很多的职业院校，但是和国外相比，我国的职业院校发展还是有很大的差距，应抓住教育部职业院校开展本科层次应用技术教育的试点机会，全面提高高级技工的培养层次。

（四）组建职业教育集团

开展集团化办学是深化产教融合、校企合作，激发职业教育办学活力，促进优质资源开放共享的重大手段；是提升治理能力，完善职业院校治理结构，健全政府职业教育科学决策机制的有效途径；是推进现代职业教育体系建设，系统培养技术技能人才，完善职业教育人才多样化成长渠道的重要载体；是服务经济发展方式转变，促进技术技能积累与创新，同步推进职业教育与经济社会发展的有力支撑。美国、德国等职业教育发达的重要原因之一就是拥有职业教育集团。如美国的阿波罗教育集团旗下的凤凰城大学。凤凰城大学现今已有110个校园与学习中心，分布在美国21个州、波多黎各及加拿大，是美国在校生规模最大的私立大学。面向真正需要职业教育、同时也明白自己需要什么职业教育的人士。例如，它把目光投向具有自主教育需求，又能承担教育费用的特殊人群，选择实用的学科作为教学重点。我国应学习美国的先进做法，支持示范、骨干职业院校，围绕区域发展规划和产业结构特点，牵头组建面向区域主导产业、特色产业的区域型职业教育集团。支持行业部门、中央企业和行业龙头企业、职业院校，围绕行业人才需求，牵头组建行业型职业教育集团。支持地方之间、行业之间的合作，组建跨区域、跨行业的复合型职业教育集团。积极吸收科研院所和其他社会组织参与职业教育集团，不断增强职业教育集团的整体实力。

二　出台有力措施解决外来打工者子女入学问题

在辽宁、浙江等部分县市企业调研中发现，装备制造企业涉及人才问题的最大困难是如何解决企业子女入学问题，以留住人才。当前我国义务教育阶段入学政策是按学区入学制。要求拟入学学生的户口在学校划定的学区内。入学凭借户口本、房产证。并且要求房产所有人与拟入学学生是监护人与被监护人的关系。这意味着没有当地户口、没有房产很难入学。我国装备制造业企业大部分的工人和技术人员都是外来的打工者。城市房价这么高，工人很难能利用工资买上房子。没房子就落不了户口，没有户口和房子孩子就上不了学。有的职工为一些企业工作了十几年，缴纳了十几年的社会保险，孩子入学问题仍然是大问题。子女入学问题影响中小企业人才的稳定问题，为此，特提出以下建议。

（一）为外来务工子女平等享受义务教育权利提供政策保障

这些年来，全国贯彻"以流入地政府为主、以公办学校为主"的原则，合理配置教育资源，尽量解决义务教育阶段外来务工人员子女入学的需要。各省情况不一样，在微观操作层面上有一定的困难，必须从政策层面以法律法规形式为外来务工子女享受义务教育权利提供保障。

（二）解决流动人口子女入学问题

坚持以全日制公办中小学为主渠道，充分挖潜、敞开大门、放低门槛，尽最大限度接纳流动人口子女入学。规定在当地工作并缴纳社会保险三年以上其子女可在当地公立学校接受义务教育；入学学区以务工人员工作的工厂所在地的学区学校为准；一些工厂比较集中的地方如果出现生源过剩的情况，则按照就近原则，由当地教育部门负责，将生源向附近其他学校调剂；外来务工人员子女的教育经费投入，由省财政直接拨付；一些生源不足的学校，适当降低缴纳社会保险的时间要求。同时对于户口挂靠在亲友家的拟入学学生，也可以按照就近的原则入学。

（三）积极扶持、规范管理务工人员子弟学校

首先，随着计划生育政策效果的显现，一些学校生源越来越少，对一些生源严重不足的学校，可建成接受外来人员子女入学的示范学校。

其次，由财政进行资金投入，对当地办学规模大、接收能力强、农民工子女比例超过30%的学校进行重点改造。对接收农民工子女学校的校长、副校长和教师，分层、分类进行系列专题培训，从办学条件、学校管理和教学质量各方面缩小农民工子女与城市学生的差距，逐步为农民工的孩子们能够获得真正的教育公平夯实基础。

最后，科学规划增加教育资源配置，特别是在流动人口比较多的地区，按常住人口规模规划教育资源，布局新建学校；继续支持和帮助农民工子女学校改善办学条件，提高办学质量和水平。

（四）开放高中阶段教育

外来人员子女在初中毕业后报考当地中等职业学校的，根据国家规定条件与本县学生一样享受同等免费助学政策。允许在本县毕业的外省籍考

生报考高中。在异地高考国家政策尚未出台的情况下，先允许外来人员子女报考当地的高中，在国家政策出台后，异地高考按国家政策执行。

三　劳动部门建立企业人才诚信档案

装备制造业企业不同于一般的企业，对工人技术要求较高，并且岗位之间的替代性差，工人上岗之前需要进行培训，这需要耗费企业大量人力物力。调研走访中发现，当前装备制造企业对人才的管理仅仅体现在劳动合同上。用人单位与人才签订劳动合同，然后人才在用人单位工作，用人单位付报酬。当前这种类似于市场买卖交易的管理模式存在弊端。一方面，很多企业反映，有一些工作没几天就跳槽，短短时间，更换了很多单位。这样的人给企业增加了很大的招聘成本和培训成本，而企业无法在人才市场上将这种人甄别出来。另一方面，对于很多人才而言，在一个企业工作一段时间，如果再到另一个企业工作，前期积累的很多东西就没有用了，这对人才诸如职称晋升等很多职业生涯的长远规划非常不利。现在信息技术越来越发达，劳动部门和用人单位有必要为人才建立劳动档案。

（一）规范档案管理

尽快制定企业职工档案管理办法，进一步明确企业职工档案管理范围、内容、方式、标准等。使企业职工档案管理更加规范化、科学化。对职工档案的内容、分类、档案用品标准重新进行规范。有条件的地区应利用计算机网络技术，逐步建立职工个人档案与养老保险、失业保险、生育保险、医疗保险、再就业等系统化管理体系，通过科学的管理，为企业提供便利的服务，有效地保障职工和企业利益，充分发挥劳动保障部门的服务职能，提高办事效率，使档案管理工作科学规范化。

（二）建立职工档案

用人单位在与劳动者建立劳动关系后，应及时为劳动者建立个人档案，将劳动者在工作期间的劳动合同、工资福利、任职、奖惩、工种社会保险等资料载入个人档案，妥善保存，并随劳动者的劳动关系转移而转移，确保劳动者个人档案的有效接续。

（三）丰富档案内容

劳动者在劳动关系存续期间应当要求用人单位为其建立档案，注重收集保存有关资料，作为工作经历的有效凭证，为以后职称晋升、享受社会保险和重新就业提供重要依据。一旦发生劳动争议，档案资料也是处理劳动争议的主要证据，以此维护自己合法权利。

（四）维护职工权益

各级劳动保障部门和工会组织，要充分认识为劳动者建立个人档案的重要性，制定统一的标准，严格质量要求，认真实施，切实维护职工的合法权益。制定规范有效的管理制度，加强督促，定期检查，发现问题，及时解决。定期对档案管理人员进行业务培训，不断提高档案管理人员业务水平。针对目前企业职工档案管理的诸多问题，在规定时期内对所有企业职工档案进行全面的清理、规范，确保职工档案的完整、真实、准确。

第二节　加快引进海外研发团队

缺少核心技术并且技术储备不足是我国高端装备制造业发展落后的重要原因之一。提高我国企业技术水平有两个办法：海外并购科技型装备制造业企业和引进海外高端装备制造业研发团队。

一　进一步完善引进研发团队的思路

（一）适当采用"引而不驻"模式

引进研发团队的核心在于引进世界前沿技术和事关我国高端装备制造业发展振兴的重大项目，研发成果为我所有，具体引进形式可以灵活多样。可以推广辽宁省的经验，如沈阳远大集团在瑞士设立海外欧洲设计研发中心，引进瑞士22人组成的研发团队，从事世界顶级建筑幕墙的设计与研发，收到了较好效果。这种"引而不驻"模式，减少了政府和企业提供的配套服务，为外国专家提供了更有利的科研和生活环境，应该鼓励各地积极采用。

（二）采用"抱团引智"模式

可推广广东省的做法，由省直有关部门统一梳理困扰重点产业、重点企业发展的技术难题。对一些共性问题，组织推动相关企业共同与海外研发团队签订项目研发合同，实现研发成果共享。抱团引智综合成本低，效果好。

（三）把海外华人作为引进的重点

引进海外华人研发团队比引进纯外国专家的成本要低很多，成功率却高很多，效果较好。2008年江苏省引进了181个高层次的创新（创业）

人才，其中多数是华人，仅有 5 位非华人。他们带给江苏省 700 多项发明专利和当年近百亿元的产值。

（四）重点引进德国研发团队

金融危机中，美国、日本、欧洲其他国家经济下滑，失业增长，但是德国经济风景独好。在世界 31 个机械制造门类中，德国有 27 个门类市场占据世界前三位。在金融危机中德国高端装备制造业仍然保持 21% 的增长速度，充分显示了德国高端制造业的抗市场风险的能力。其高端装备制造业的研发团队值得重点引进。

二　搭建引进研发团队的有效平台

（一）利用好国际博览会

充分利用北京、上海、广州等国际博览会多的机会开展引进研发团队工作。打造吸引海外学子来中国创业的最佳平台。应把目前的引进研发团队工作作为今后各届国际博览会的最重要内容，积极开展人才和项目对接活动。比如刚刚举办的中国义乌装备制造业博览会就是接触装备制造业顶级专家的机会。

（二）筹划举办装备制造业企业与海外高科技人才洽谈对接会

可推广江苏、辽宁等地做法，通过举办大型洽谈会吸引高科技人才。建议省政府定期举办一次大规模的引进研发团队洽谈会。有关部门应着手做好项目筛选和包装工作，编制引进研发团队需求手册，多方邀请国外的研发团队和人才中介机构、华人机构、海外留学人员参加，搭建好项目推介与人才对接的全国性平台。

（三）筹建我国引进海外研发团队网站

借助这个网站，一方面可以积极推介我国引进高科技人才的政策信息、项目以及提供办事服务指南；另一方面可以展示我国引智工作动态，介绍先进省份引智工作经验，还可与海内外科研精英进行互动交流。

三　做好研发团队引进后的管理与服务工作

可以考虑建立省、市专项资助资金对研发团队的引进予以补贴，确保专项资金使用效果。鼓励高校带项目与国外高端装备制造业专家进行合作研究。掌握企业对研发团队采用的薪酬制度、绩效管理以及研发团队在工作和生活中遇到的困难，协调相关部门及时提供解决办法，确保研发项目实现预期目标。

第三节　加快引进外专千人计划

"千人计划"是中国目前最高层次的国外人才引进计划，而"外专千人计划"又是"千人计划"中的高层次外国专家项目，面向非华裔外国专家，目前重点引进长期项目专家，即至少连续来华工作3年，每年不少于9个月。"外专千人计划"是我国站在更高起点上，继续推进改革开放的重要举措；是建设人才强国，实施更加开放人才政策的有效探索；是赢得高层次人才竞争主动权的战略选择；是推动"千人计划"向深度和广度进军的重大项目；是推动新时期引进国外智力工作上层级、上水平。百年大计，人才第一。首先，做好"外专千人计划"工作对促进经济在转型升级的基础上实现长期平稳较快发展，推动我国在全面建成小康社会的基础上迈向基本实现现代化新征程，提供了重要的人力资源支撑。其次，做好"外专千人计划"工作既有利于装备制造业承担更大的发展使命，为全国发展大局做更大的贡献；又有利于装备制造业加快经济结构调整和转型升级，在科学发展道路上继续走在全国前列，不断拓展新的发展空间。最后，"外专千人计划"工作促进了装备制造业国家战略举措的实施，有利于形成对外开放加速以单向的吸引外资、出口产品为主，转向对内对外开放同步、加速融入国际一体化的新格局。

一　充分动员潜在申报单位

向高校、科研院所和企业宣传国家和省市相关的引进人才的优惠政策，动员积极申报。在提高申报数量的前提下，进行申报前的申报辅导，提高申报质量。这种申报的策略也取得了很好的效果。武汉理工大学材料复合新技术国家重点实验室主要的研究方向就是围绕着大飞机相关材料进行。围绕研究方向属于国家战略性新兴产业的国家重点实验室集中申报。大飞机相关产业属于先进装备制造业，而先进装备制造业是国家确定重点发展的战略性新兴产业之一。我国正在进行大飞机项目，大飞机的相关材料的研发是国家急需的关键技术的来源。2009年至今，国家重点实验室有4名专家入选了"千人计划"，其中有2名专家入选"外专千人计划"。

二　开拓引进人才渠道

第一，以人引人。通过在外留学生和华裔科学家联系他们的导师。这种方法在传统的方法上更进了一步。主动通过动员在外留学生和华裔科学家找他们的导师，联系起来更方便。第二，从点对点引入到点对面引入。采用广而告之手段，有选择地利用国际媒体、杂志和国际会议等平台发布人才需求。第三，建立国外智力资源市场配置和中介服务机制。与外国猎头公司建立起新型合作关系，广泛引进"外国专家"。

三 抓好高等院校和科研院所

充分挖掘我国高校的外国专家资源，抓住本院校在全国高校中具有比较优势的学科，重点申报。在相关比较优势学科引进外国专家的时候，省外专局及各市外专局都有相应的支持政策。可以有计划性、有针对性地引进外国专家。从前两次的申报情况看，宁波大学、武汉理工大学、东北大学等高校已经在"外专千人计划"上有突破。实力及实力规模与上述高校相近的高校有百余所，以后的申报工作，每所大学都可结合自身的优势学科推荐申报者。

四 围绕高端装备制造业申报

高端装备制造业是以重大技术突破和重大发展需求为基础，对经济社会全局和长远发展具有重大引领带动作用，知识技术密集、物质资源消耗少、成长潜力大、综合效益好的产业，是我国赶超发达国家的机会。未来相当长一段时间内，从事高端装备制造业的外国专家都是"外专千人计划"的优先资助对象。

五 采用"抱团引进"外国专家的策略

在引进外国专家的时候可考虑采用"抱团引进"模式。由省直有关部门或者行业协会统一梳理困扰重点产业、重点企业发展的技术难题。对一些共性问题，政府将组织和协助企业与国外专家组织、猎头公司、中介机构等寻找到合适的外国专家。外国专家与企业签订合同并履行职责后，政府承担中介服务的费用。

案例：巴顿、越费与苏联装备制造业的发展

案例：巴顿与乌克兰装备制造业的发展

在苏联各加盟共和国中，乌克兰科学的总体水平是领先的。在巴顿父子努力下，乌克兰焊接工艺达到了世界领先水平。巴顿不仅是乌克兰、苏

联卓越的科学家，也是著名的科学活动组织者。① 至今，巴顿领导着世界著名的巴顿焊接研究所已经 58 年，领导着乌克兰科学院已经 49 年。无论是苏联时期还是现在，在巴顿的领导下，乌克兰科学都走在了苏联各加盟共和国或独联体国家的前面。

一　发展苏联的焊接事业

（一）受父亲的影响

巴顿出生于 1918 年 11 月 27 日乌克兰基辅市。他的父亲巴顿·叶甫盖尼·奥斯卡洛维奇（Евгений Оскарович Патон，我们称其为老巴顿）是乌克兰科学院院士、桥梁建筑领域著名专家，对桥梁结构的设计有极为深入的研究。老巴顿深知，焊接技术是桥梁建筑的关键环节。1934 年，他倡议组建乌克兰科学院焊接研究所，后来，这个焊接研究所就以老巴顿的姓的全称和名、父称的简称（Е. О. Патон）命名——巴顿焊接研究所。

第二次世界大战爆发后，巴顿焊接研究所搬迁到了乌拉尔地区的下塔基尔市乌拉尔车厢制造厂。为了战争需要，这个车厢制造厂开始转型生产坦克。巴顿焊接研究所的全部工作都是如何使乌拉尔车厢制造厂和其他工厂生产出更多的优质坦克。

巴顿焊接研究所的最初贡献是发明了自动焊接工艺。1942 年，基亚特洛夫（В. И. Дятлов）发现了一个新的现象，使用溶剂电弧焊接时，焊条的溶解可以自我调节。在这个基础上研究所开发了一种"溶剂焊接工艺"，这是一种自动焊接方法，使用这种工艺即使是缺乏经验的"差手"也能代替 8—10 个经验丰富的焊接工，大大提高了焊接质量，解决了当时缺少人力的问题。这种工艺还解决了焊接坦克板上的缝隙问题，焊接后这些缝隙比钢板本身还结实。缝隙焊接后没有褶皱了，生产效率大大提高了。老巴顿说："直到战争要结束的时候德国人也没有这种自动焊接工艺，而美国也只是到了 1944 年才出现这种工艺。"② 时任乌克兰第一书记的赫鲁晓夫向斯大林建议在全苏联的 20 多个城市推广巴顿焊接研究所开发的溶剂焊接工艺，这等于让老巴顿领导全苏联焊接工作。当这种焊接工艺在全国推广并取得极大的成效后，老巴顿得到了国家最高奖项——斯大林奖金。

①　邵懿：《巴顿与乌克兰科学发展》，《自然辩证法研究》2011 年第 10 期。
②　同上。

1943 年 6 月底，老巴顿被授予列宁勋章和社会主义劳动英雄勋章。一周后的 7 月 5 日，德军与苏军开始了著名的库尔斯克战役。德军的战车遇到了苏军 T－34 坦克的顽强抵抗，异常牢固的 T－34 坦克显示出极大的优势，这种优势正是基于巴顿焊接研究所先进的焊接工艺。[①]

1944 年，当苏联红军解放基辅后，巴顿焊接研究所迁回基辅，开始了国家战后重建工作。1951 年基辅开始按照老巴顿的设计方案建立了一个跨越第聂伯河的整体焊接大桥，遗憾的是，在距离完工还差 3 个月的时候老巴顿去世了。为了纪念老巴顿为乌克兰桥梁事业和焊接事业所做出的贡献，这座桥梁建成后以"E. O. 巴顿"的名字命名。[②]

老巴顿对他的儿子——巴顿的影响极深。巴顿在回忆自己父亲的时候说："他是我的楷模，他对我们管教很严。他支持我的事业。如果说，父与子存在相互理解的话，那么我和父亲就是这样。""我从先辈那里继承了优秀的品质——诚实、热爱独立、自豪、严于律己、坚强。"

（二）担任巴顿焊接研究所所长

巴顿的科学活动开始于乌克兰科学院巴顿焊接研究所。在艰苦的战争年代，巴顿与自己的父亲一起进行艰苦的探索，解决了战争需要的一系列难题。1945 年，巴顿在自己的副博士论文中对焊接自动化理论有较为深入的研究。后来，巴顿在电弧持续加温及调节方面的研究颇有建树。1951年，他通过了博士论文答辩，并于同年被选为乌克兰科学院通讯院士。

巴顿在焊接补缩特别是焊接转换器方面进行深入研究，对溶剂焊接冶炼的理论进行深入探讨，研发出各种用途的伽马溶剂。他发明了一种新的工艺可以大量生产这种焊接溶剂。正是依靠这种工艺，在哈尔岑斯管厂生产出了高质量的大口径钢管。后来在车里雅宾工厂、伏尔加工厂均可生产这种钢管，这种钢管的投入使用改进了天然气的运输系统。

巴顿还主持开发了一种金属缝隙溶剂电弧焊接工艺。这种工艺被广泛用于建筑工地和安装大型建筑物。后来又发明了粉末焊条电弧焊接工艺，这种新的工艺对修建跨越第聂伯河和伏尔加河数条大桥发挥了重要作用。

1953 年老巴顿去世后，巴顿开始担任研究所所长。生产的发展对焊

---

① Б. Н. Малиновский, *Академик Борис Патон Труд на Всю Жизнь*, Москва：ПЕР СЭ, 2002，p. 39.

② Караван＋Я，"Борис Евгеньевич Патон. К 90－летию Великого Ученого"，2011－5－9，http：//www. etver. ru/ lenta/index. php？newsid＝38996.

接的技术不断提出新的要求。1958 年 6 月，苏共中央和部长会议通过决议《继续在生产中大力推广焊接技术》。这个决议意味着要大力发展焊接方面的基础研究，要开发一些设备和新材料工艺，建立新的研究所和实验室，兴建新的工厂。1958 年巴顿被选为乌克兰正式院士。在巴顿的带领下，开发出了新的焊接工艺——电渣焊接方法。这种工艺解决了船体外廓焊接难题。巴顿深入研究焊接的科学，建立了新的冶金学科——电冶金学。在电冶金学基础上开发了新的工艺——电渣再熔炼工艺。这种再熔炼下金属的精炼是由少量金属与活跃的液态渣以及金属槽的结晶相互作用产生的结果。氧、氢、氮、硫和其他有害杂质在电渣再熔炼后减少，非金属东西被排除，再熔炼的钢锭密度增强，这种简单而高效电渣再熔炼法得到了广泛的推广，提高了工具钢、耐热钢、轴承钢和其他合金的性能。巴顿研究所还开发出钢筋混凝土的螺纹钢和铁道钢轨的焊接工艺。

巴顿集中全体工作人员的力量和智慧，对气溶胶焊接做深入研究，研发出新一代低毒性焊条。这个工艺的推广改善了劳动条件，减少了焊接操作人员出现职业病的概率。

1958 年，巴顿建议开发新的工艺——在水下使用粉末焊条焊接。粉末焊条水下焊接工艺对于开发大陆架，港口水下延伸和维修、过河管道铺设都提供了新的可能性。除此之外，还研出气体保护焊条产品，这种产品的制造工艺至今仍然广泛使用。在巴顿领导下，研究所成功制成了世界上第一个多因素受控熔化焊接系统，还开发出一些先进设备，如焊接钢轨设备、管内焊接设备。

巴顿焊接研究所在焊接和冶金领域处于苏联的领先水平。1977 年，苏联在该所设立国家焊接委员会，代表苏联参加国际焊接会议。20 世纪80 年代末期，巴顿又对激光电弧进行研究，并开发出了激光电弧焊接工艺。

20 世纪 90 年代，巴顿建议在医疗中使用焊接工艺连接软组织，他组织专家研究人的各个器官软组织特点，发明了新的受控焊接方法，建立了软组织加热数学模型，发明了对生物软组织进行"焊接"工具。这些新的工具都通过了医疗机构检验，开辟了高频焊接动物与人体软组织与器官的新领域。它不需要线与金属固定支架，缩短了患者的麻醉时间，减少了患者的出血和感染概率，减轻了患者的疼痛。通过高频电流加热软组织，使蛋白质变性，加速其热分子运动，形成多胚乳空间，并在冷却过程中形成接头，冷却过程也伴随着蛋白质变性，即组织的恢复。[①] 到目前为止，已经对 3 万多患者进行了手术。在基辅和乌克兰的其他各大城市、莫斯科、圣彼得堡等，都有这种医疗技术。这种工艺的推广大大缩短了外科手术的时间。为此，巴顿领导的集体获得了乌克兰国家奖金。

巴顿焊接研究所宗旨是科学技术与生产的紧密联系。第二次世界大战结束后，苏联在中亚、西西伯利亚、乌拉尔北部等边缘地区发现了大量的石油天然气资源。为了把开采出来的石油天然气运往苏联西部和国外，需要建构一个庞大的石油天然气运输系统。于是，开发管道铺设工艺的任务摆在了乌克兰科学院面前。借助于先进的焊接技术苏联很快铺设了 7 万多公里的管道，其中 6000 多公里为苏联北部条件恶劣的地区铺设的天然气大口径管道。苏联石油工业委员拜巴科夫（Н. К. Байбаков）说，巴顿对石油天然气建设事业做出了突出的贡献，在他的直接参与和领导下建构了管道焊接网络，他的工艺和新材料技术得到了广泛的使用。

近些年来，巴顿焊接研究所不断开发新的工艺，如闪光接触对焊、铝合金微束等离子弧焊、爆炸焊，还对焊接力学计算与应力应变的检测进行了研究。

巴顿焊接研究所已经成为一个培养焊接工艺人才的摇篮。这个研究所培养了几百名有才能的科学家和工程师。巴顿学派中有多名院士和通讯院士，130 多人通过了博士论文答辩，700 多人通过了副博士论文答辩。巴顿的热情、工作能力、对每一个下属的关怀在研究所内营造了一种健康的氛围，他的个人魅力使这个团体保持了很强的凝聚力。几十年来，研究所进行的研究成果有九项获得列宁奖金，24 项获得国家奖金，34 项获得乌克兰国家奖金。[②] 巴顿关注研究所与国际同行的联系。他的研究所一直是国际焊接研究所成员，欧洲焊接联盟成员，与国际先进科研机构保持密切的联系。合作项目有互派专家代表团，在外国杂志上发表论文。巴顿焊接研究所使苏联成为世界焊接技术领先国家，美国学者将基辅称为"世界焊接中心"。

---

① 杜兵、李小宇、毛辉：《乌克兰巴顿电焊研究所在焊接工艺及相关领域的新成果》，《焊接》2007 年第 10 期。

② И. К. Походня, "Борис Евгеньевич Патон. Институт Электросварки им. Е. О. Патона НАН Украины", 2011 – 5 – 4, http：//www. nbuv. gov. ua/people/paton_ rus_ 90. pdf.

（三）焊接从地面走向太空

1959 年，在巴顿领导下开始对金属合金的电子射线精炼、电子射线熔炼方法进行研究，这种方法对金属内的游动杂质具有有效的清洁作用。电子射线熔炼方法成功解决了获取新的结构材料问题，如电子技术中的特纯铜和镍等，航天航空、火箭技术所需要的一些专有金属如铌、钽等开始在工业中生产。

20 世纪 60 年代下半叶，巴顿提出在航天设备上安装大型金属结构。这个思路得到苏联航天航空总设计师科罗廖夫的有力支持。

1969 年 10 月 16 日，苏联宇宙飞船"联盟 6 号"在飞行过程中宇航员邵宁（Г. Шонин）和库巴索夫（В. Кубасов）第一次在宇宙中对金属进行切割和焊接，从而开始了航天焊接工艺的新时代。这一切正是借助于巴顿焊接所开发的"火山"装置，这种装置可以进行各种方式的焊接：电子射线焊接、等离子电弧焊接和熔化焊条焊接。所有这些焊接都是在自动程序下进行的。这次实验表明，在宇宙中对宇宙飞船进行维修和焊接是可能的。之后，焊接研究所又开发了新的装置"蒸发器"，这种装置可以在失重和真空中对金属进行焊接和切割。

巴顿焊接研究所又开发了真空电子流集合工艺，这种工艺是在原来的电子射线焊接方法基础上改进的，它可以焊接超厚的金属。苏联建立空间站自然涉及高水平的焊接问题，必须保证绝对均匀和牢固地焊接飞行器的所有部件。这里涉及金属与陶瓷、金属与硬塑等非金属的焊接问题。

火箭的制成使用了大量巴顿焊接研究所的焊接技术，大型结构的焊接点与金属主体的强度已极为接近。这一点使当时的美国专家赞叹不已。多年与科罗廖夫一起工作的俄罗斯科学院院士谢苗诺夫（Ю. П. Семенов）指出，巴顿是苏联最伟大的科学家和设计师之一，他对焊接做出了不可估量的贡献，正因为他的努力，我们有了世界上先进的航天技术，能在宇宙进行焊接。他对月球探索、联盟号和进步号飞船成功运行做出了大量工作。

二　推进乌克兰装备制造业发展

20 世纪 60 年代是苏联科学技术发展迅猛的时期。科学技术的发展呼唤一位具有创造性和高度责任感，并具有组织才能的科学家引领乌克兰科学院向前发展。1962 年 2 月 28 日，刚刚被选为苏联科学院院士的巴顿被选为乌克兰科学院院长，那一年，他才 43 岁。

乌克兰科学院建于 1918 年 11 月 27 日，是乌克兰最高科学机构。乌克兰科学院首任院长是著名科学家维尔纳茨基（В. И. Вернадский）。最初，乌克兰科学院规模很小，仅仅包括三个"部"：历史语文部、数学物理部和社会科学部，有三个研究所和一个图书馆。自 1918 年成立之日数次更名：1918—1921 年为"乌克兰科学院"；1921—1926 年为"全乌克兰科学院"；1936—1991 年为"乌克兰加盟共和国科学院"；1991—1993 年为"乌克兰科学院"；1993 年至今为"乌克兰国家科学院"。巴顿担任院长之前有 8 任院长，1962 年，巴顿出任乌克兰科学院院长，至今整整 49 年。

上任伊始，巴顿提出新的理念，基础研究应该面向高技术，即基础研究的倾向性。在巴顿的领导下，科学院在控制论、电脑技术、程序技术、微电子、火箭技术、航天技术等领域取得突破性进展。这里进行着广泛的自然科学、技术科学和社会科学的研究。在基础科学方面进行着卓有成效的研究，如数学、理论物理、固体物理、低温物理、核物理、材料学、控制论、计算技术、分子生物学、微生物学、病毒学、基因工程等。在巴顿的领导下，国家的其他地区如敖德萨、哈里科夫、第聂伯彼得罗夫斯克、克里米亚等地区都建立了科学中心，这些科学中心进行着与当地经济发展相关的研究。在巴顿努力下，乌克兰科学院机构不断扩大，增添了几十家研究所，他努力让每一家研究所都在自己的研究领域走在国内甚至世界的前面，努力使研究所的基础设施达到先进水平。

苏联的科学常常受到来自权力的干涉。20 世纪 60 年代，赫鲁晓夫决定把苏联各加盟共和国科学院的大多数研究所转给工业部门，这种做法会大大削弱科学院的力量。其他各加盟共和国科学院都执行了赫鲁晓夫的决定。而巴顿是唯一一位敢于与这种不负责任的做法进行抵制的科学院院长，他只将三个研究所转给了工业部门。苏联科学院院长凯尔德实说，这一点，我们苏联科学院都做不到。

1963 年，巴顿被选为苏联科学院主席团成员。这使他能更多地了解苏联科学院的研究动态。他与苏联科学院几任院长凯尔德实（М. В. Келдыш）、亚历山大罗夫（А. П. Александров）、马尔丘克（Г. И. Марчук）、奥西波夫（Ю. С. Осипов）都建立了良好的工作关系，这为乌克兰科学院与俄罗斯等其他加盟共和国的科技合作提供了良好条件，对发展乌克兰科学事业大有裨益。苏联科学院前院长凯尔德实说："乌克兰科学院已经成为乌克兰科学中心，在一些领域成为全苏联的技术科学中心，在电焊领域乌克兰科学院处于世界领先水平。乌克兰科学院在控制论、自动装置和电子计算机领域发展非常迅速。"20 世纪 80 年代，乌克兰科学院成为仅次于苏联科学院的第二大科学院，成为欧洲重要的科学机构。1988 年，乌克兰科学院已经有 70 个研究所，90 个实验生产机构，88000 多名工作人员，其中 17000 人为研究人员，2/3 有博士和副博士学位。很多研究所已经成为科学技术综合体，有自己的设计部门，实验工厂和工程中心。20 世纪 60—80 年代，乌克兰科学家获得了 18 次列宁奖金，22 次国家奖金，154 次乌克兰国家奖金，102 次舍甫琴科国家奖金，301 次乌克兰科学院主席团奖金。可以说，20 世纪六七十年代和 80 年代初期是乌克兰科学的黄金时期。

巴顿的科学组织才能得到了苏联最高层的认可。1975 年，当苏联科学院院长凯尔德实由于身体原因需要退休时，巴顿被召到莫斯科，苏联领导人苏斯洛夫建议他担任苏联科学院院长，巴顿却坚决拒绝了。他说，我不想丢下我的焊接研究所。当苏斯洛夫承诺在莫斯科给他建立一个焊接研究所后，仍然没有改变巴顿的想法。

今天，"乌克兰国家科学院"已经成为庞大的科学研究机构，它包括三大系列：物理技术和数学科学系列、化学和生物科学系列和人文社会科学系列。每个系列又包括各种"部"。如物理技术和数学科学系列包括数学部、信息部、力学部、天文物理部、地球科学部等；化学和生物科学系列包括化学部、生物化学、生理部、分子生物部等；人文社会科学系列包括经济部、史哲权力部、语言文学艺术部等。各种研究所涵盖了诸多领域：建筑、天文、生物化学、地质学、金属物理学、实用数学、无线电物理学、机械、生理学和遗传学等。

巴顿组织了一些科学理事会，1966 年他领导着"苏联焊接及焊接结构问题理事会"，这个理事会从 1958 年一直工作到 1991 年。1972 年巴顿倡议成立经互会国家焊接领域科学技术理事会，这个理事会一直工作到 1992 年。正因为有巴顿的努力，东欧国家在焊接领域达到了较为先进的水平。

三　巴顿与切尔诺贝利核电站

科学技术的发展越来越使世界各国科学家对技术的应用持谨慎态度。巴顿深知科学技术的影响，强调人道主义与科技进步的关系。他多次组织科研队伍对技术给环境带来的影响进行评估，对乌克兰大规模的土壤干化、土壤灌溉、土壤改良的后果进行评估，对农业的化学化、乌克兰的两条大河流杜奈（Дунай）和第聂伯河（Днепр）的水源进行人工调配所产生的生态影响进行评估。①

切尔诺贝利核事故以前，核电站被认为是苏联值得炫耀的成就，核电站的设计人员也极力论证核电站是保障安全的。然而，60年代特别是70年代，对建立核电站持反对的声音不断出现且逐渐强烈。巴顿提出，建设核电站可能带来严重的生态问题。他向有关部门提交了书面报告，反对在切尔诺贝利建立第二、第三、第四组反应堆。1981年7月，巴顿给乌克兰部长会议主席利亚什科（А. П. Ляшко）写信阐述道：

"根据地质学家做出的结论，切尔诺贝利核电站处在沉积岩覆盖的晶体板块的断口地区，这些沉积岩有很强的渗透性，通向第聂伯河蓄水池的含水地带。核电站的液体废料的储存处恰恰是在颇利亚皮亚特河谷，在可能的情况下，核污染废料从储存处流出后将流向没有任何保护措施的冲击沙水层，这对于基辅水库和第聂伯河下流居民的饮用水将造成灾难性污染。对居民构成极大的威胁，这种威胁将是不可消除的"。

1981年11月12日，巴顿在乌克兰建筑部会议上作了题目为"关于在乌克兰建设核能项目可能产生的生态后果"的报告，在报告中巴顿提出核项目可能引发的生态问题。巴顿的质疑传到了当时苏联"核电站主建派"官员那里。1986年2月即事故发生的前两个月，官员们还向巴顿解释说，核设施非常安全可靠，甚至可以将其建在莫斯科红场。巴顿无言以对："那就建吧！"

苏联高层没有听取巴顿的建议，付出了惨痛的代价。1986年4月26日是乌克兰历史上灾难性的一天。切尔诺贝利核电站第4发电机组爆炸，核反应堆全部炸毁，大量放射性物质泄漏，成为核电时代以来的最大事故。辐射危害严重，这次核事故犹如潘多拉魔盒被打开一样使切尔诺贝利变成了一座鬼城。它让人们彻底懂得，技术是一把"双刃剑"。核事故发生后，苏联科学院院长亚历山大罗夫来到了切尔诺贝利，对巴顿说："还是你说的对啊！"

---

① И. К. Походня，" Борис Евгеньевич Патон. Институт Электросварки им. Е. О. Патона НАН Украины"，2011－5－4，http：//www. nbuv. gov. ua/people/paton_ rus_ 90. pdf.

切尔诺贝利核事故导致了严重的后果。包括军人在内的 86 万救援人员中有 55000 人在后来的 15 年内相继死亡，30000 多人成为残疾人。

乌克兰科学院的很多研究所，从事故的一开始就投入到消除核事故后果的工作中。为了完成这一任务，科学院组织几百名科学家和工程师紧张工作着。这一年夏天，巴顿三次飞赴切尔诺贝利，他亲自观察现场，掌握最确切的资料，向政府提出消除事故后果的建议。他从直升飞机距离地面 150 米的高度仔细观察核事故现场。当他得知被毁坏的机组混凝土设施急需一个大型钻探车床时，巴顿竟然做出了很难想象的事情。他了解到只是在苏联的顿巴斯煤矿有这样大的钻探车床，当晚这个钻探车床就运到了基辅，并很快就制作了一米长的钻头安装好车床。

巴顿还组织人力开发必要的测量工具，以检测食品核污染程度，他还就如何防止第聂伯蓄水池遭受核污染，如何清除树叶上的核污染尘埃做了大量工作。这里巴顿不仅表现出了作为一名科学家的才能和智慧，更表现出了作为一名科学家的良知。

四 苏联解体后

1991 年年末，苏联解体，乌克兰独立。巴顿和乌克兰科学迎来了新的历史时期。

1992—1996 年，乌克兰科学事业处于历史上非常艰难的时期。国家对科学的投入占 GDP 的比例从 1992 年的 1.7% 下降到 1996 年的 0.5%。1991—1996 年，科学领域工作人员减少了 40%。1992—1996 年，乌克兰科学院有 350 名科学家出国定居，其中有 70 名博士，200 名副博士，1/3 为生物学家，1/5 为物理学家，这些都是年富力强有着良好发展前景的科学家。由于拖欠工资，有 3500 名博士、副博士离开了科学院到其他领域，科学研究基础设施严重老化。[①] 乌克兰科学面临严重的危机。

在这种情况下，乌克兰科学院院长巴顿尽全力保护国家的科学力量。在他的努力下，乌克兰通过了一系列相关法律，对保存乌克兰科学潜力起到了一定作用。

巴顿努力使科学院基础研究和实用研究为国家的经济发展服务。乌克兰科学院在一些基础科学领域，如数学、信息学、力学、物理学、天文

---

① Б. Н. Малиновский, *Академик Борис Патон Труд на Всю Жизнь*, Москва：ПЕР СЭ，2002，p. 243.

学、材料学、化学、分子生物学、生理学都保持世界水平。

巴顿倡导保存独联体国家科学潜力。1993 年建立了国际科学院协会（俄文简称 MAAH），这个协会将欧亚等 15 个国家的科学院联系在一起。巴顿成为这个协会公认的主席。巴顿是国际工程科学院名誉院长，国际技术科学科学院名誉院长，国家教育、艺术科学院名誉院长，国际天文科学院名誉成员，是很多国家科学院的外籍院士，很多外国大学的名誉博士。

除进行卓有成效的科研工作外，巴顿还担任很多社会工作。他多次被选为苏联最高苏维埃成员，乌克兰最高苏维埃主席团成员，乌克兰共产党和苏联共产党中央委员会成员，他所担任的社会工作职务还有很多。他在每一个职务上干得都非常出色，他凭着科学家的良心对国家、对科学、对人民都表现出深深的责任感。俄罗斯科学院院长奥西波夫这样评价巴顿："巴顿生活在科学中，他的社会活动都是为了科学繁荣，都是为了国家的未来。"

巴顿的生日恰是乌克兰科学院成立的日子。1998 年 11 月 27 日是乌克兰科学院成立 80 周年的日子，也是巴顿的 80 岁寿辰。乌克兰科学院隆重纪念这个具有双重意义的日子，乌克兰政府授予巴顿"乌克兰英雄"称号。

巴顿本可以在 70 岁的时候从领导岗位上退下，颐养天年。但是，乌克兰科学离不开他，他更离不开乌克兰科学。巴顿从科学中汲取营养，从科学中得到乐趣。是科学使巴顿成为巴顿，是巴顿推进了乌克兰科学事业的发展。乌克兰科学事业之所以有这样长足的发展，在很大程度上与巴顿的智慧和奉献精神有关，在 15 个加盟共和国中乌克兰科学走在了前面。

2003 年 11 月 27 日是巴顿 85 周岁生日，社会各界都对这位德高望重的科学院院长给予极高的评价。乌克兰总统库奇玛在祝词中说："您以自己多年的工作和高度的敬业精神为国家科学事业的发展做出了不可估量的贡献，您受到了乌克兰和国外的认可和深深的爱戴。今天，我们有理由以我们乌克兰科学院自豪，正是在您的领导下，乌克兰科学院发展成欧洲最大的科学中心之一。"

此时，作为另一个国家的元首俄罗斯总统普京在祝词中高度赞扬巴顿院士："您作为一个杰出的科学家、天才的教育家和科学活动的组织者，不仅受到了俄罗斯和乌克兰两国人民的尊敬，也受到了世界人民的爱戴。

您在冶金领域里的贡献是巨大的。您丰富了基础科学和实用科学，对建立诸多现代技术做出了重大贡献。您以自己的知识和经验与俄罗斯的同行们进行交流，与俄罗斯的科学团体进行积极对话非常重要。"

2008 年 11 月 26 日，在巴顿 90 岁生日即将到来之际，俄罗斯总统梅德韦杰夫签署第 1653 号总统令，授予巴顿国家一级功勋勋章，"鉴于对世界科学和对独联体国家之间科学文化的联系所做出的贡献，授予乌克兰科学院院长巴顿国家一级功勋勋章"。

五　结语

巴顿的科学活动历经苏联和乌克兰独立后两个时期。无论是苏联时期，还是现在，巴顿始终是科学界的风云人物。巴顿对科学事业所做的贡献得到了国家的认可。他两次获得苏联社会主义劳动英雄称号，乌克兰英雄称号，十月革命勋章，劳动红旗勋章，人民英雄勋章，他是列宁奖金和苏联国家奖金的获得者。他还获得过罗蒙诺索夫金章、瓦维洛夫金章、科罗廖夫金章，联合国教科文组织颁发的爱因斯坦银质奖章。

毫无疑问，巴顿的事业是成功的，成功的个人因素自然与他的天赋、勤奋和奉献精神有关，成功的社会因素是他处于国家的重建时期，国家重视科学、需要科学。20 世纪 30—40 年代，当苏联意识形态粗暴干涉科学的时候，巴顿还是一个学生，当巴顿投身于科学的时候正赶上第二次世界大战时期，国家需要科学的支持，巴顿的科学出彩时期正赶上苏联举国发展科学事业与美国进行竞赛。

20 世纪 50—70 年代影响苏联科学发展进程的精英们如今大都离开了人世。今天，巴顿仍然健在，他仍然领导着巴顿焊接研究所，仍然领导着乌克兰国家科学院。乌克兰科学已经与巴顿的名字紧密联系在一起。勇气、经验、智慧都深深影响着乌克兰科学事业的发展。科学研究艺术、科学领导艺术、养生艺术都是宝贵的财富。

有人曾经问巴顿，什么是幸福？巴顿回答道："一个从事创造的人，获得一些有意义的独创性成果，他就是幸福的，他能感受到劳动带来的满足，在创造中感受到生活的意义。幸福就是创造、爱情和健康，就是他的生活和工作是人们所需要的。"

案例：越费与苏联装备制造业的发展

十月革命后，苏维埃大力发展国家科学事业，特别是重工业中的装备制造业，越费以自己不懈的努力和智慧为苏联物理学的发展和装备制造业的发展做出不可磨灭的贡献。他创立的"物理技术研究所"为苏联装备制造业的发展提供了重要的支持，为发展苏联的物理学、培养世界著名的物理学家做出了卓越贡献。[1]

一　生平和主要科学成就

阿博拉姆·费多洛维奇·越费（Абрам Фёдорович Иоффе）出生于1880年10月29日乌克兰罗姆内市一个犹太商人家庭。1902年，他毕业于圣彼得堡工艺学院，1903—1906年在德国墨尼黑大学伦琴实验室实习任助教，并获得博士学位。

在德国学习期间，越费接受了物理学许多新思想。同世界著名科学家的交往开阔了越费的视野，这对他后来领导苏联物理学的队伍起到了重要作用。1906年，越费回到俄罗斯在圣彼得堡工艺学院工作。

越费开始科学生涯正赶上世界科学、苏联国内形势发生巨变的时期。此时，世界物理学取得一系列新的成就：伦琴射线、放射性、量子力学、相对论、半导体物理、核物理等，这些新发现从根本上动摇了19世纪末许多科学家认为已经肯定了的物理学基础。

十月革命使俄国的政治经济体制发生历史性巨变，科学发展的稳态被打破，科学界处于前所未有的动荡时期，但是，苏维埃政权重视全民教育，大力发展科学事业，要在战争废墟上消灭文盲、建立大学，要让科学为国家的经济建设发挥最大作用。

尽管苏联之前俄罗斯出现过可圈可点的科学成就，出现过一些杰出的科学家及世界著名的科学流派。但是，科学规模很小。科学人才的培养在很大程度上要依靠外国的实验室和科学家。俄罗斯仪器设备的制造水平很低，只好从国外进口，致使科学总体水平的发展面临很多困难。只能说，

---

[1]　邵慰：《物理学家越费与前苏联装备制造业》，《自然辩证法研究》2012年第12期。

十月革命前的俄罗斯只是在个别科学领域中取得了成就。[①]

苏维埃政权支持科学家建立并扩大科研机构。当大多数物理学家对物理学的发展前景、物理学的研究意义、物理学面临的任务还处在朦胧状态的时候，越费已经预见到物理学将对国家的发展发挥巨大作用。他坚信自然科学的革命尤其是物理学的巨大发展，必将引起整个科学技术的巨大变化。

20 世纪 30 年代，为确保国民经济计划的顺利实施，斯大林提出"优先发展重工业""技术决定一切"的口号，这成了苏联发展科学事业的良好契机，因为技术的发展必须以科学为基础。由于国家对科学技术发展的高度重视，20 世纪 20—30 年代苏联科学技术事业呈现飞速发展之势。到 1940 年苏联已拥有各类科研人员 9.8 万人，科研经费达 3.6 亿美元（同期美国为 4 亿美元）。

科学成为吸引大批有才能青年人的领域。1939 年，40 岁以下的科学工作者的比例为 66.2%，苏联科学工作者的平均年龄在 1950 年为 42 岁。

越费对半导体物理学的发展给予极大的关注。他认为，半导体应该是未来技术的新材料。越费提出，利用半导体温差电偶来直接把热能转换成为电能的效率有可能达到 4%。经过大量实验，越费在实验试剂半导体温差发电元件方面取得了显著的成就。苏联卫国战争时期，在越费的倡议下，利用半导体温差发电元件来供给无线电台所需的电能。[②]

第二次世界大战结束后，越费创立了半导体温差发电和半导体温差制冷理论。他指出，半导体温差发电的效率决定于温差电偶线路中的两种效应：一种是在半导体内部和接触点上产生或吸收热量的可逆反应，也就是珀尔帖和汤姆逊效应。另一种是由热传导和焦耳热所引起的不可逆反应。为了提高半导体温差发电的效率，就需要把半导体材料的热导率降低到最小值。在这个理论基础上，越费找到了控制半导体材料的热导率的关键所在，使半导体温差发电的效率达到 8%—10%，半导体制冷器的最大温差达到 60%。

谢苗诺夫认为，越费是世界上首位深入研究半导体问题的科学家，他是半导体的真正发明人。使用半导体材料要依靠放射技术、放射材料、物理学、化学、材料学等物理学科，在这个意义上，半导体物理学是很多学

---

① A. П. Александров，"Академик Иоффе и советская наука"，Успехи физических наук. 1980，9，pp. 1 – 10.

② 王守武：《纪念：А. Ф. 约飞院士》，《物理学报》1961 年第 6 期。

科的综合。①

越费重视基础研究。他相信基础研究能开辟新技术领域，能改变科技进步的走向，越费的研究领域极为广泛：量子物理学、电介质物理学、光电学、热电学、核物理研究、半导体研究、非晶体物体等都是越费重点关注的领域。越费的学生波列梅尔（С. Е. Бремер）说，越费把一个物理学成就几乎是零的苏联变成了一个物理学成就世界著名的国家。

人们往往把物理学的发展与工业技术联系起来，很少将它与农业联系在一起。在越费的关注和努力下，苏联农业和物理学的成就联系起来。越费关注农业生产设备的落后状况，认为农业生产管理机制太落后。他认为，应该加强在农业中使用物理学的成就。根据越费的倡议，1932年在列宁格勒建立了农业物理研究所，倡导在农业生产中使用物理学成就，这个研究所的研究方向是世界上独一无二的。越费担任这个研究所的所长长达20多年之久。该所利用物理学的方法，改良土壤结构，调节土地的温度和水分。越费认为，动力学的发展与农业有密切联系，在越费的领导下，对液体燃料的消耗设备进行了改进，为国家节省了大量开支。②

越费还论述过关于光学实验基础理论、固体物理理论、电介质理论。他曾经是多个科学杂志的编辑，编辑过教科书和科普文献，其中有《现代物理学的就基本概念》、《半导体物理学》。

越费以自己的科学成就成为世界著名的科学家。他在将近60年的职业生涯中把物理学的基础研究同技术开发有效结合起来，物理技术研究所是越费留给后人的最宝贵的遗产。

越费的科学成就和他的科学组织才能得到政府的认可和大力嘉奖。他曾经是苏共中央委员。1942年越费荣获斯大林奖金。1955年荣获社会主义劳动英雄的称号，获得过三枚列宁奖章，是国家奖金的获得者。

二　物理技术研究所——与重大装备生产紧密相连的典范

（一）建立物理技术研究所

苏联物理学成就是与苏联物理技术研究所紧密联系在一起的。如果说，苏联物理学的发展与苏联物理技术研究所是无法分开的话，那么，物理技术研究所的发展与越费是无法分开的。

---

① Д. А. Усанов, "Школа Иоффе как пример единсва науки образования и производства", *Технология и конструкирование в электронной аппаратуре*, 2007, 1, pp. 59 – 62.

② 同上。

研究所是苏联时期科学技术组织的重要特征。在 20 世纪二三十年代，苏联政府在创立科学组织体制时，确立了由政府集中领导的研究所体制。苏联研究所体制的建立一方面受德国、英国、法国、美国等外国科学体制的影响，另一方面也是为了"减少资产阶级科学家对年青一代的负面影响"。科学家不是在大学，而是在单个专门研究所进行研究。

1918 年，根据越费的倡议，在国家伦琴放射研究所内组建了"物理技术部"，1923 年，"物理技术部"改为"列宁格勒物理技术研究所"。正是在这个研究所的基础上，建立了苏联庞大的物理学研究网络：化学物理研究所、电物理研究所，并在哈里科夫、第聂伯彼得罗夫斯克、斯维尔德洛夫斯克、托姆斯克这些城市建立了类似在列宁格勒的物理技术研究所。从物理技术研究所成立之日起到 1951 年，越费一直担任该所所长。在越费领导下，该所后来成为涵盖物理学许多领域的研究机构，研究领域不仅包括传统的强势学科，也包括新开辟的领域和跨学科领域，如化学物理、无线电物理、生物物理、天文物理、半导体物理、核物理、高能物理等。

越费和他所领导的物理技术研究所处在科学的春天。苏联科研机构的规模迅速扩大。20 世纪末期和 30 年代初，物理技术研究所的工作人员已经达到 500 人。这在人口稀少、人才奇缺的苏联已经是最大的研究所了。

苏联物理科学研究全面展开是在物理技术研究所，越费为苏联物理学的发展倾注了极大的努力。他对很多问题都表现出独创的观点，他在苏联物理学发展方面起到了非常关键的作用。

（二）物理技术研究所——培养人才的摇篮

虽然越费的科学活动早在苏维埃政权以前就已经开始，但是，十月革命以后他的科学活动才得到了广泛的发展。苏联给物理学提出重大任务，迅速扭转许多重要科学领域中的落后局面，以保证装备制造业大力发展的需要。

1919—1923 年，越费担任全俄罗斯物理学家协会主席。越费认为，必须发展没有外国资金和专家参与的苏联自己的工业，发展自己的科学事业、培养自己的人才队伍。他认为，物理学的发展是技术发展的重要基础。技术工作者应该了解物理学理论，而物理学家更要关注物理学的理论成就和这些成就在工业中的运用。因此，越费把自己的研究所定位为"物理技术研究所"，而不是"物理研究所"，这正反映了越费的治学理念。他认为，物理研究和物理教学应该互相促进，教学能更好地促进科研工作者的逻辑思维。① 更为重要的是，越费把物理学的研究活动与生产有效结合起来，保持基础研究与实用研究平衡，使科研与生产紧密联系起来。越费的学生列戈尔（A. P. Регель）和斯特尔班斯（Л. С. Стельбанс）说过，不曾有比越费的理论造诣更深的物理学家，但是，越费却很少强调那些抽象的理论，那些脱离实际、物理现象的理论。

物理技术研究所不仅是一个从事物理学研究的平台，更是一个培养物理学人才的摇篮。越费认为，培养科学人才重要的不是给学生灌输知识，而是培养学生发现问题解决问题的兴趣和能力，培养创新的积极性。这种在 20 世纪初期的理念在今天仍然没有失去意义。②

1920 年，越费已经被选为俄罗斯科学院院士。在急需人才的苏维埃政权初期越费无疑成了国家的宝贵财富，他是苏联物理学界甚至整个科学界的元老级人物。

越费常常亲自参加物理实验工作，他以自己的独特思想影响年青一代科学家。他认为，要发展物理学需要具备三个条件：第一，具有宽阔的视野、新的发展思路；第二，富有工作热情的基础人才；第三，能开展广阔领域研究的实验室。他以极大的热情和渊博的知识感染年轻的科学家们。后来苏联物理学界的中坚力量大多数都是越费的学生，或者是越费学生的学生。

越费常常亲自带队，组织代表团出国与西方发达国家的科学团体进行科学交流。1921 年，他率领科学代表团出访英国剑桥大学时，他的学生卡皮察（П. Л. Капица）便留在了那里，为后来获得诺贝尔物理学奖奠定了基础。

以越费为首的物理技术研究所走出了象征，苏联科学实力的科学家。当人们回忆越费对科学的贡献时，往往关注的是越费的学生中出现了诸多院士和世界著名科学家，如卡皮察、库尔恰托夫（И. В. Курчатов）、阿里汉诺夫（А И Алиханов）、阿尔齐莫维奇（Л. А. Арцимович）、亚历山大罗夫（А. П. Александров）、基科因（И. К. Кикоин）、朗道（Л. Д.

① Д. А. Усанов, "Школа Иоффе как пример единсва науки образования и производства", *Технология и конструкирование в электронной аппаратуре*, 2007, 1, pp. 59 - 62.

② А. П. Александров, "кадемик Иоффе и советская наука", *Успехи физических наук*. 1980, 9, pp. 1 - 10.

Ландау）、哈里顿（Ю. Б. Харитон）、科别克（П. П. Кобеко）、谢苗诺夫（Н. Н. Семенов）、泽尔多维奇（Я. .Б Зельдович）、塔姆（И. Е. Тамм）、伏连克尔（Я. И. Френкель）等卓越的科学家。他们有些是为苏联国防事业立下了不朽功勋的科学家，有些人科学成就享誉世界成为诺贝尔奖获得者。

库尔恰托夫，物理学家，"苏联原子弹之父"，苏联核能研究所创始人，并担任该所第一任所长，苏联科学院院士。在他的领导下，苏联于 1949 年成功爆炸原子弹，1953 年成功爆炸氢弹。

朗道，物理学家，联科学院院士。他创立的量子力学中的密度矩阵、统计物理学和自由电子抗磁性的理论等十项研究成果被称为"朗道十诫"。1962 年，他因建立凝聚相理论而获得诺贝尔物理学奖。

谢苗诺夫，化学家，苏联科学院院士。1956 年，他和英国化学家欣谢乌德在化学反应动力学和反应历程研究中取得成就，被授予诺贝尔化学奖。

塔姆，物理学家，苏联科学院院士。1958 年，他与切连科夫（П. Черенков）、弗兰克（И. Франк）同时获得诺贝尔物理学奖，他们发现和解释了切连科夫效应。

卡皮察，物理学家，苏联科学院院士，苏联物理问题研究所所长。1978 年，由于对接近绝对零度温度下液氦的超导性研究获得诺贝尔物理学奖。

阿尔齐莫维奇，苏联物理学家，苏联科学院院士，苏联原子项目的参与者，在他的领导下，世界上第一次在实验室进行了热核反应试验。

亚历山大罗夫，物理学家，苏联科学院院士，曾参加制造核武器，担任库尔恰托夫的副手，1955 年担任苏联科学院原子能研究所副所长，1960 年库尔恰托夫去世后担任所长。1975—1986 年任苏联科学院院长。

阿里汉诺夫，物理学家，苏联科学院院士，苏联核物理的奠基人之一，苏联第一颗原子弹的研制者之一，创建理论和实验物理研究所。

从以上可以看出，苏联大部分杰出物理学家都是越费的学生。越费被称为"苏联物理学派的奠基人"，还被称为"苏联物理学之父"，物理技术研究所被称为苏联"国家物理学的摇篮"。后来的诺贝尔化学奖获得者谢苗诺夫说："世界上还不曾有过像越费这样在自己的学生中培养出那么多的杰出人才的物理学家。"①

越费营造了健康而良好的学术气氛和学术环境。越费爱科学、相信科学，他相信人的创造力，他相信未来社会在科学影响下会变得更加美好。

在物理技术研究所的学术讨论会上，任何人都可以发表自己的观点，参加讨论会的人常常针对某一学术问题产生激烈的争论。越费领导的物理技术研究所往往开辟的都是物理学新的领域，从事跨学科研究。

越费对生物物理学产生浓厚的兴趣，越费让他的学生伏朗克（Г. М. Франк）攻克这个领域，很快，伏朗克在这个领域做出了成就。伏朗克的生物物理学实验室后来成为生物物理研究所。越费组建了化学物理研究所，越费推荐他的学生谢苗诺夫担任所长，后来他又组建了列宁格勒电物理学研究所，所长为车尔尼雪夫（А. А. Чернышев），还有金属物理研究所等。越费认为，如果某一领域研究方向接近成熟，就创造条件让其独立发展。1935—1940 年物理技术研究所几乎在物理学的所有领域都有自己的阵地，并且一些研究领域在当时处于世界领先水平。

越费既是一个出色的物理学家，又是一名出色的科学组织活动者。1927—1929 年和 1942—1945 年，越费两度担任苏联科学院副院长。这两段时期都是苏联科学极为艰难的时期。除担任物理技术研究所所长之外，越费还负责其他研究所的工作。1932—1960 年，越费担任农业物理研究所所长。1952—1955 年越费任苏联科学院半导体实验室主任，1955 年当半导体实验室变成"半导体研究所"后越费开始任该所所长。②

1934 年，为加大对苏联科学的支持、控制、利用和监督力度，苏联科学院迁移到莫斯科。越费是全俄罗斯物理学家大会组织者之一。参加物理学家大会的有科学院所属部门的物理学家，有大学的物理学研究人员，还有在校对物理学感兴趣的学生，甚至还有外国的学者。

在卫国战争时期，苏联的科学导向是一切为了战争的需要，一切服从战争的需要。越费被任命为作战技术委员会主任，1942 年担任列宁格勒市委作战和军事工程委员会主席。

在物理科学发展的方向上，越费密切注意物理学中的每一个新兴部门。在 30 年代初期就提出了三个主要发展方向。第一个方向是原子能物

① Д. А. Усанов, "Школа Иоффе как пример единсва науки образования и производства", *Технология и конструкирование в электронной аппаратуре*, 2007, 1, pp. 59 – 62.

② Л. А. Арцимович, "Воспоминания об Иоффе", *Наука*, 1990, 8, pp. 23 – 26.

理学，由越费的学生库尔恰托夫负责。当时，越费已经预见发展原子核物理的重要性。1943 年，苏联最高层决定研制核武器——原子弹，这项艰巨的任务落在了以越费为首的物理技术研究所的身上。物理技术研究所连同研究人员库尔恰托夫、阿里汉诺夫、阿尔齐莫维奇、亚历山大罗夫均被调到莫斯科。应该说，战后苏联在原子物理研究方面的飞速发展是与越费当初的努力分不开的。第二个方向是由科别克和亚历山大罗夫领导的高分子物理学，在当时看来，这是一门很少受人关注的新兴学科，越费预见这门新兴学科的重要性。第三个方向是由越费亲自领导的半导体物理学研究的工作。早在 30 年代初期，越费已经预见半导体在未来新技术应用中的重要地位，1953 年成立了半导体物理研究所以后越费任所长，苏联在这方面的工作得到快速发展。

三　不平静的晚年

（一）捍卫相对论和量子力学

20 世纪 30—50 年代，苏联物理学界围绕相对论和量子力学问题曾展开过尖锐的哲学辩论。多数物理学家认为，相对论、量子力学与马克思主义的唯物辩证法是不相矛盾的。然而，以意识形态杂志《在马克思主义旗帜下》主编德博林（А. Деборин）为首的一些人对相对论和量子力学持反对态度。在莫斯科召开的第五届苏联物理学家代表大会上，季米梁泽夫（А. Тимирязев）明确反对相对论。越费、伏连克尔、福克、塔姆与以季米梁泽夫为首的米特科维奇（В. Миткеевич）等展开激烈争论。

越费不仅是一位出色的物理学家，还是一位哲学家，他对哲学问题有着浓厚兴趣。然而，他的哲学观点是在捍卫苏联物理学的过程中形成的。越费积极参加讨论相对论和量子力学的哲学问题，讨论辐射理论。越费根据物理学的重大发明，论述了唯物辩证法的规律性和独创性。

越费在《物理学与战争》和《苏联物理学哲学阵地的形势》的论文中捍卫物理学基础理论，批判一些哲学家和物理学家对物理学的虚无主义态度。越费按照列宁的分析方法论述原子物理学的发展。在论述量子力学基本概念时，越费表达了辩证唯物主义的立场："每一个概念的出现都是向前迈出的一大步。每一个概念都是对辩证唯物主义的一种新的认识。这些认识告诉我们，外部世界比我们凭经验所描绘的图景要复杂得多。在现代理论的矛盾中，存在新的概括和新的综合。"他还说："一些人总认为，辩证唯物主义者应该拒绝量子力学和相对论，就像当初拒绝唯心主义和宗教迷信一样。资产阶级唯心主义者把宗教迷信和量子力学、相对论联系到一起，这种思想是极为有害的，应该尽早纠正。"①

越费就哲学有关问题多次发表意见。他认为："科学发展的整个进程特别是近50年来科学的迅猛发展从伦琴射线到电子发现，再到原子核发现，都充分证明辩证唯物主义的正确和对唯心主义的否定。"

越费以马克思主义哲学为指导思想反击对相对论和量子力学的进攻。其实，越费是不愿意卷入政治斗争的。但是，在苏联要躲避政治完全是不可能的。

（二）对越费的人身攻击

越费以自己对科学事业的兢兢业业和在科学领域中担任重要的行政职务，对国家的科技政策产生不可低估的作用。但是，当局常常感到，越费还不是当局的同路人，还不能对他完全信任。首先，越费曾经在德国慕尼黑学习过，饱尝了古典科学精神营养。他崇尚真理，难以驾驭，他总有自己独立的观点。其次，越费是犹太人，苏联上层和普通百姓对犹太人的偏见无法根除。②

早在20世纪30年代，对越费的人身攻击就出现了。一些"辩证唯物主义哲学家"和物理学家开始反对所谓的"物理学唯心主义"和"世界主义"。以马克西莫夫（А. А. Максимов）和米特科维奇为代表的一些人开始向越费发难。他们宣称包括越费在内的一些物理学家是"物理学唯心主义者"，塔姆、福克、伏连克尔、越费、谢尔盖·瓦维洛夫（С. Вавилов）是个小团体，受资产阶级思想的影响顽固坚持自己的错误，成为反革命分子的喉舌。在他们的煽动下，福克、布龙斯坦等被逮捕。

越费据理力争。他指出，米特科维奇、马克西莫夫认为苏联的物理学家们只是效仿西方，这是对苏联物理学界的诬蔑，否认福克、伏连克尔、塔姆、朗道的物理学理论，就等于彻底抹杀苏联的理论物理成就。

越费还被指控"崇拜西方"、"诬蔑苏联物理学"、"认为同西方国家相比苏联物理学居于次等地位，革命前俄罗斯不存在物理学"。

马克西莫夫对越费的指控提高到了一个新的高度。他说，越费不明白斯大林同志关于理论和实践问题的指示，不知道斯大林是列宁的继承人，

---

① Л. А. Арцимович, "Воспоминания об Иоффе", *Наука*, 1990.8, pp. 23 – 26.

② А. С. Сонин, "Черные дни Академик Иоффе", *Вестник РАН*, 1994.5, pp. 448 – 452.

不明白斯大林关于理论和实践相统一的问题是一个哲学问题。在大清洗的恐怖时期，这种指控极有可能使越费失去人身自由。

莫斯科大学物理系主任季米梁泽夫对越费的指控更为严重。他暗示，越费曾经庇护被当局镇压的莫斯科大学物理系前主任、《物理科学成就》的前主编格森，"最终能够弄清楚，谁是苏联物理学的朋友，谁是苏联物理学的敌人"。这里他把越费同格森联系起来其用心很清楚——越费是苏维埃的敌人。

苏联掀起的反对"物理学唯心主义"和反对"世界主义"的斗争对越费来说是极大的冲击。他常常被指控为"物理学唯心主义者"。的确，越费不支持反对"世界主义"和"物理学唯心主义"的斗争；相反，在可能情况下，他尽力弱化斗争的锋芒。

不断的政治运动使越费很难再开展工作。1950年10月，苏联科学院院长建议他辞去列宁格勒物理技术研究所所长的职务，越费痛苦地接受了建议。

在最痛苦的时候越费没有中止对物理学的研究。他撰写了《当代物理学基本概念》一书，系统论述了相对论、核物理、原子物理、统计物理的基础。

尽管政治风暴不断，尽管一批又一批的科学家被镇压，但是，越费并没有被捕。也许是他在国际上的知名度和对物理学的杰出贡献，还有对国家的忠诚和言行的谨慎使他免受了牢狱之灾。

1960年10月14日，越费在自己的办公室内不幸去世，享年79岁。

四　结语

越费的成就是那个时代的产物。苏维埃政权成立后，将重工业特别是装备制造业发展列为其首要任务，而装备制造业发展不可能离开物理学和以物理学为基础的技术。这是越费成功的社会因素，成功的个人因素是他的天资与勤奋，尤其是他对科学的挚爱和献身精神。

越费无愧于他的国家，无愧于那个时代，苏联能取得卓著的装备制造业成就，固然与当局对科学的巨大投入相关，固然与国家对物理学的需要相关，但是，也与越费的个人努力和智慧密切相关。越费无疑是幸运的，他的科学生涯正赶上国家对科学的大力支持时期，他的理想、愿望和诉求基本上变成了现实。正是在越费的带领下，苏联打造了一个物理学帝国。他同时又是不幸的，他科学生涯的黄金时期正赶上权力对科学粗暴干涉的时代，科学被权力严重扭曲，以至于他一度处于命运的低谷。

越费既不像卡皮察那样命运坎坷跌宕，与当局关系错综复杂，并在晚年获得诺贝尔物理学奖，也不像库尔恰托夫那样为了苏联的国防——核武器研制始终站在风口浪尖上。的确，同他们相比，越费似乎显得"平庸"一些。

是的，越费没有得过诺贝尔奖，但是，他的学生中有多人获得诺贝尔奖，如卡皮察、谢苗诺夫、朗道、塔姆等。学生的成就也反映其师长的成就。应该说，正是在越费的带领下，苏联的物理学家能够抓住物理学发展的关键问题，攻克物理学一个又一个堡垒和难关，而且，获得诺贝尔奖的苏联科学家的基础和学风都是在越费物理技术研究所形成的。

越费的品格深深影响了他的学生和同事，以至于他们在越费去世后仍然对越费深切怀念。越费对科学的挚爱、对苏联物理学命运的责任感都是值得后人追思的。苏联政府和人民对越费的去世表达了深深的怀念。为纪念越费，月球上一个环形山以越费的名字命名，一个科学考察船被命名为"越费院士科学考察船"。1960年，越费多年工作过的苏联科学院物理技术研究所改名为"越费物理技术研究所"。1964年，在越费物理技术研究所的大楼前竖起了越费院士纪念碑，后来还将一个广场以"越费院士"命名。1980年，苏联为了纪念越费院士诞辰100周年专门印发有越费院士头像的邮票。

越费的科学成就也得到了世界其他国家的认可。他是柏林科学院院士，是波士顿美国科学艺术院、印度科学院、意大利科学院荣誉院士，是加利福尼亚荣誉博士，法国、英国和中国物理学家协会荣誉会员。越费对科学的献身精神和治学风范永远为世界科学界所缅怀。

第七章 中国装备制造业转型升级Ⅳ：制度创新

中国装备制造业（Chinese Equipment Manufacture Industry，CEMI）的发展已经进入关键阶段，产品附加值低、配套能力差、产业集群程度低、产业链条短、产品技术含量低、国企比重过大等问题正深刻影响着中国装备制造业的竞争力。"次贷危机"引发的市场萎缩又对其提出了新的挑战。"拐点灾难性"的论断（经济发展速度增长的峰值和谷值通常被称为"拐点"）和"福利经济学第一定理"（市场竞争的一切结果都是帕累托最优的）使人们面对瞬息万变的经济形势无所适从。然而现代经济学分析日趋抽象，数理经济学和计量经济学等充斥着科学主义的观点占据了话语霸权，制度被假定为完善的和对经济绩效无摩擦的，由此设计出的提高装备制造业竞争力的方法忽略了市场，确切地说是忽略了支配交换过程的制度安排。长此以往，只能不断加深理论和现实的裂痕。事实上，"制度对于经济绩效的提高是重要的"这一观点已经被越来越多的事实所证明。提高中国装备制造业的竞争力需要从现实出发，构建与理想状态相配合的制度体系。

在中国装备制造业竞争力和新制度经济学的研究中，一般很少将二者有机结合起来。国内对中国装备制造业的研究过于偏重规范和质的分析，而国外对新制度经济学的研究则偏重实证和量的分析。

樊纲（1996）认为，竞争力的概念最终可以理解为"成本"概念，即如何能以较低的成本提供同等质量的产品，或者反过来，以同样的成本提供质量更高的产品。该理论从比较成本的角度评价产业的竞争力。金碚（2001）认为，中国装备制造业竞争力归根结底是一个产业组织问题，形成有效竞争的市场结构和产业组织结构是培育和增强中国装备制造业竞争力的根本途径和决定性条件。路江涌（2006）认为，区域间自然禀赋的差异性和产业区域聚集的外部效应成为提高中国装备制造业竞争力普遍采用的方法。这一点可以从许多地方业已形成的围绕某个装备制造业产业建设的产业群得到印证。国内学者结合中国的国情提出了一系列中国装备制造业通过产业集群、组织结构设计等发挥低成本比较优势来提高竞争力的方法，对于改革开放30多年来该产业的发展起到了巨大的推动作用。

世界经济论坛（WEF）和瑞士洛桑国际管理发展学院（IMD）（1995）提出财富理论，强调产业竞争力核心的内容是创造增加值和国民财富，创造财富的能力是产业竞争力强弱的最基本体现。哈佛大学教授波特（1998）提出，企业的竞争力是该企业获得竞争优势的能力。波特从要素（资金、技术、劳动力）、市场、企业内部管理能力以及环境等方面研究获取竞争力的途径。诺贝尔经济学奖获得者赫维兹（2007）的机制设计理论为制度如何提高经济绩效发挥作用提供了理论基础。总的来说，国外制造业竞争力的研究偏重实证和量的分析，并且研究对象为制造业而并不针对装备制造业，可供中国直接借鉴的经验较少。

我们认为，提高中国装备制造业的竞争力不仅需要从宏观上指出其发展方向，提出加快自主创新、摆脱进口依赖、推动产业结构升级，也需要对产业发展必需的制度环境进行分析，在微观操作层面进行梳理，在实践中为公共政策的制定提出具体化指导，克服目前研究的科学性有余、人文性不足的缺陷。同时，对国外相关研究的最新进展进行跟踪，可以为新制度经济学视角下提升中国装备制造业竞争力策略提供中观层面的建模思路和微观层面的实证技术，促进该研究进一步经验化、具体化，实现理论和实践的统一。

人类的相互交往，包括经济生活中的相互交往，都依赖某种信任。信任以一种秩序为基础，要维护这种秩序就要依靠各种规则，我们称这些规则为"制度"。制度既是社会长期磨合的结果，也是人们有意识创立的规则，它能有效抑制人们可能产生的机会主义行为，并由此成为一种引导人们行动的手段。因此，制度使他人的行为变得更可预见。按照新制度经济学理论，当以往的制度均衡中出现获得收益的机会，并且与其制度变革的收益超过变革成本时，制度变革通常会发生。经济改革作为一种主动的制度变迁，其初衷当然是试图通过引进新的制度安排，改变原有的制度均衡，从而获得制度变迁的收益。[1] 如果说，市场是"一只看不见的手"，

---

[1]　蔡昉：《中国农村改革三十年》，《中国社会科学》2008 年第 6 期。

引导着市场资源的分配，那么制度就是另一只"看不见的手"，决定着经济的绩效。

第一节 中国装备制造业发展的制度环境分析

一 中国装备制造业发展的微观层面制度分析

（一）利用知识管理方法进行微观制度设计的必要性

提高装备制造业竞争力，技术创新无疑是很重要的，所以有必要创造一个良好的技术创新环境（制度）来促进技术创新的实现。好的制度能够促进创新；反之则遏制了创新。装备制造业的技术制度有以下特征：高积累性、高专用性、低可能性和实施知识管理的重要性。装备制造业技术的集成性和复杂性决定了技术制度的高积累性。装备制造业较强的资产专用性决定了技术制度的高专用性。装备制造业技术上的高度连续性决定了技术制度的低可能性。[1] 在由工业经济向知识经济转变的过程中，企业创新是企业在市场上赢得竞争优势和提高竞争力水平的基本途径，而知识资源在企业生产率提高和财富增长中的日益不可替代的作用是企业创新的主要源泉。[2] 实施知识管理会使企业获得竞争优势。知识按照可视程度可分为隐性知识和显性知识，对隐性知识的管理又是重点。因为隐性知识是隐藏在人脑中的知识，所以应该建立分享的激励机制来鼓励员工把自己的知识分享出来。激励机制是装备制造业企业实施知识管理的关键，激励制度是否有效很大程度决定了知识管理是否能够达到预期的效果。[3] 另外可以建立面对面式的分享知识方法。但是一个不容忽视的事实是，在同样生产条件和生产设备条件下，中国装备制造业人均增加值为同期美国的 $1/10$，日本的 $1/9$，德国的 $1/14$。除了人力资源总体素质低于这些国家以外，我们的管理水平相对较低也是造成人均附加值低的重要原因。提高管理水平改进管理方法无疑是提高装备制造业竞争力的有效方法。在西方发达国

---

① 张保胜：《基于微观技术制度的技术创新问题分析》，《产业与科技论坛》1996 年第 12 期。

② 王家斌、邵慰：《知识密集型企业的知识管理模式研究》，《商业研究》2008 年第 11 期。

③ 邵慰、陶晓丽：《基于知识管理提高中国装备制造业竞争力研究》，《管理观察》2009 年第 2 期。

家，知识管理是效率较高且应用广泛的管理方法之一。知识管理是一项在20世纪90年代中期开始在全球崛起的学术与商业应用主题，针对个人及社群所拥有的显性知识和隐性知识的确认、创造、掌握、使用、分享及传播进行积极有效的管理。其主要涵盖的固有理论及应用层面包括学习型组织、企业文化、资讯科技应用及人事管理等。而由于知识管理的概念通常与企业的各种改善愿景扯上关系，知识管理在现今企业上的实践越来越受到重视。

(二) 装备制造业实施知识管理的障碍分析

在由工业经济向知识经济转变的过程中，企业创新是装备制造企业在市场上赢得竞争优势和提高竞争力水平的基本途径，而知识资源在企业生产率提高和财富增长中日益不可替代的作用是企业创新的主要源泉。[①] 知识的层级可分为资料、资讯、知识及智慧四个阶段，而知识的形成则是通过汇集一些资料，再从资料中找出有用的资讯，利用这些资讯加上自己的想法及做法，最后产生出知识，而智慧则是以知识为基础加上个人应用能力加以运用于工作上。而把个人及群体得到的知识进行有效管理，则是知识管理的最根本目的。装备制造业因为其行业的特殊性，实施知识管理存在一些障碍。

1. 隐性知识存在于高级技术工人的大脑中，不易传播

在装备制造业产品的生产过程中有很多高度个人化，难以规范的内隐性知识非正式的、难以表达的技能、技巧、经验和诀窍、直觉、灵感、洞察力，深植于员工个人的行动、经验、价值观念与心智模式中，是个人长期积累和创造的结果，深深地影响到个人的行为方式。这些隐性知识是靠长期的积累和实际操作经验得到的。掌握某些有价值的隐性知识的高级技工有时候也不愿意将这些知识与别人分享。

2. 实施知识管理获得的收益评价困难，企业积极性不高

虽然理论上能列出实施知识管理的很多好处，但是，说到底企业实施知识管理能带来多大的收益，目前缺少相应的评价手段。市场竞争是非常激烈和残酷的，没有企业会愿意把市场作为实验场。在企业已经实施的管理工作中，只有管理与相应的测评手段相配套，管理效益的评价有一个量化的标准，才能使管理成为一种可操作性的手段，从而进入实施阶段。

---

① 王家斌、邵慰:《知识密集型企业的知识管理模式研究》,《商业研究》2008 年第 11 期。

3. 实施知识管理，需要创新精神

成本理论认为企业的竞争力来源于用更低的成本生产出同样的产品。实施知识管理需要较高的成本。比如，一些装备制造业企业由于计划经济时代体制的原因，设备陈旧，缺少实施知识管理必备的硬件条件。如果实施知识管理需要增添一些设备，信息化是知识管理的必要条件。但完成信息化需要的成本让很多企业望而却步。

（三）装备制造业实施知识管理提高竞争力的策略

1. 对企业实施知识管理的可行性进行全面评估

知识管理包括以下领域：发现知识、存储知识、维护知识、传递知识、应用知识、创造知识、衍生知识、分析知识。其核心就是将隐性知识显性化，将显性知识借助于知识管理系统进行内部的分享。进而提高所有技工的技能，提高劳动生产率。对企业分不同的部门区分对待，对可以实施知识管理的部门实施。对于可能带来较大回报的项目进行实施。从一个部门开始、一个项目开始，逐渐扩展到全部的可实施的部门。

2. 建立显性知识的分享平台

建立知识管理系统，将可以用文字等形式表达出来的知识和技能输入进去。当有员工遇到同样问题时可以直接得到解决方法。企业实现知识管理，必须以先进的信息技术为依托，加强信息技术基础设施建设。[①] 通过信息技术建立企业内外部信息、知识网络是非常必要的。并且对这些系统中的显性知识进行按照类别编码。通过知识管理系统来获得有效知识，成本低、速度快、效果好。很多国外的大企业都建立了类似于这种知识管理系统的内部网络，做得比较成功的有摩托罗拉等。

3. 建立隐性知识交流和激励机制

因为隐性知识是隐藏在人脑中的知识，所以应该建立分享的激励机制来鼓励员工把自己的知识分享出来。激励机制是装备制造业企业实施知识管理的关键，激励制度是否有效很大程度决定了知识管理是否能够达到预期效果。另外，可以建立面对面式的分享知识的方法。比如定期组织员工在一起讨论生产过程中遇到的新问题，以及分享工作中的经验，每个员工都作介绍。这种情况下员工的积极性也容易被调动起来，对他们来说，在同事领导面前如果能说出有价值的经验，会获得别人的肯定和赞扬。这种

----

① 王道平、何海燕：《企业实施知识管理的对策研究》，《科学管理研究》2003 年第 8 期。

激励是精神方面的，有很多时候可以和物质激励相结合使用。

装备制造业企业对于技工素质的要求要远高于其他行业的企业，技工的素质往往在一定程度上决定了产品的质量。企业实施知识管理将每一个技工类似"绝活"的个人隐性知识显性化进而使所有工人的素质都得到显著提高，是降低产品成本、提高企业竞争力的有效的方法。装备制造业要结合自身的实际情况建立知识管理系统。这样对于企业来说每一个员工都变成了知识的提供者，即使部分员工因跳槽等原因离开企业，企业也不会受到很大损失。这是企业在成长和知识的积累中逐渐把知识变成竞争力的根本来源。

二　中国装备制造业发展的中观层面制度分析

制度耦合是指制度系统内的各项制度安排为了实现某一确定的功能和目标有机地组合在一起，从不同角度约束人们的行为，使个人利益与社会利益趋于一致。或者说，在给定的资源存量条件下，现存的制度集合和制度安排的任何改变都不可能增加社会的总收益和增强制度集合的功能，整个制度系统处于"稳定"状态。① 装备制造业制度耦合可以从以下几个方面来分析。

装备制造业正式制度与非正式制度之间是否耦合。正式的和非正式的制度在造成特定的经济后果上是互为补充的，有效的正式规则的设计必须考虑新的正式规则与现存的非正式规则之间的相互作用。② 人们通常认为非正式制度，例如规范和习俗等，变革相对缓慢，因此，在设计正式规则边际变化的研究中，非正式制度常常被看作是理所当然的。非正式制度中的变化必须在关于某中长期范畴的研究中，或者经济系统的大规模变革的研究中考虑。

关于中国装备制造业制度变迁中正式制度的创新与非正式制度冲突、融合的实例。我想以一个案例的剖析作为分析起点。对这个案例，大多数学者或研究人员或政府官员或普通的东北老工业基地的劳动者可能都同意以下观点，即1995—2000年，中国装备制造业企业工人大规模下岗，正式制度变迁引发了与非正式制度的激烈碰撞，理论与现实的冲突让人们不禁思考问题的根源与解决的途径。

1980年改革开放以后到90年代初，国家逐步取消了计划调拨和价格管制制度，放开了产品市场，装备制造业企业自然也被彻底地推向了市场。这时，大型国有企业多年积累的"痼疾"显露出来。曾经在计划经

---

① 李志强：《制度配置状态：制度耦合、制度冲突与制度真空》，《经济师》2002年第4期。

② Thráinn Eggertsson, "The Economics of Institutions: Avoiding the Open - Field Syndrome and the Perils of Path Dependence", *Acta Sociologica*, July 1993, 36, pp. 223 -237.

济体制下创造过骄人业绩的沈阳装备制造业，在市场经济的大潮前，在产品结构单一、技术落后、冗员集聚的重负下，竞争力明显不足。虽然有一批国有企业已经走上了市场化道路，但也有相当数量的企业产品、设备、技术老化的现象比较严重，不少沈阳装备制造业企业停产或半停产，下岗工人增多，几年累计下岗职工百万人之多，占辽宁省下岗职工总数的20%—25%。中捷友谊厂就是其中的一个工厂。中捷机床有限公司的前身，曾在中华人民共和国成立初期被称为机械工业部机床制造业"十八罗汉"。中捷友谊厂有着辉煌的历史：1950年，生产了中国第一台卧式铣镗床和中国第一台摇臂钻床；1980年，为沈阳造币厂制作了加工5分钱硬币所用的一台专用机床；1999年，为上海磁悬浮项目生产了一套磁悬浮轨道梁加工专机；2004年左右，为某中国电视企业生产过中国第一台屏压机。1994年，旗下万余人的沈阳中捷友谊厂，账面现金仅余几千元。工人开不出工资，大量陈旧机器设备停止运转。债务沉重，资产负债率高达90%以上，拖欠职工工资、生活费、医药费、采暖费、集资款、社会保险费等。按照国家正式制度的设计，企业进行大规模的下岗，并与其他企业进行重组。1995年年初已经有2/3左右的工人下岗。1995年通过与沈阳第一机床厂、沈阳第三机床厂三大机床厂资产重组而组建沈阳机床（集团）有限责任公司。经过2002年企业资产置换，市区的土地，到郊区盖新厂房，实现了产业升级。2003年后国家实施东北振兴规划，沈阳机床是受益最大的企业之一。企业逐渐出现了生机，2008年实现了销售收入113亿元，而2002年这个数字仅仅是27亿元左右。

因此，正式制度的变迁在没有得到非正式制度的变迁基础时很难获得成功。正如舒尔茨所指出的："显然，特定的制度确实至关重要，他们动不动就变化，而且事实上也正在变化着，人们为了提高经济效率和社会福利正试图对不同的制度变迁做出社会选择。"① 在技术条件给定的前提下，交易费用是社会竞争性制度选择中的核心。最少费用提供给定量服务的制度安排将是合乎理想的制度安排。② 非正式制度与正式制度之间的耦合是

① Schultz, Theodore W., *Distortions of Agricultural Incentives*. Bloomington：Indiana University Press，1978，p. 1114.

② 林毅夫：《关于制度变迁的经济学理论：诱致性变迁与强制性变迁》，载科斯等《财产权利与制度变迁——产权学派与新制度学派译文集》，陈昕译，生活·读书·新知三联书店2005年版，第372页。

最小交易费用的必要条件之一。

　　装备制造业制度耦合是一种制度系统高度有序、各种制度安排之间协调一致、配合默契的状态，它是制度配置的最佳形式。但是，在实际中，制度系统并不总是处于耦合状态中。按照 2007 年诺贝尔经济学奖获得者赫维茨的激励相容理论，只有制度耦合的情况下，预期的激励效果才会实现。

　　三　中国装备制造业发展的宏观层面制度分析

　　2008 年下半年，全球范围内的金融危机爆发，中国经济三大引擎之一的出口遇到了前所未有的困难。为了帮助企业应对困难，帮助整个国家经济维持正常的运转，国家密集出台了一系列的政策和产业振兴规划。2009 年 2 月 4 日，国务院通过了《纺织工业和装备制造业调整振兴规划》。2009 年 5 月 12 日，国务院发布了《装备制造业调整和振兴规划》。为应对国际金融危机的影响，落实关于保增长、扩内需、调结构的总体要求，确保装备制造业平稳发展，加快结构调整，增强自主创新能力，提高自主化水平，推动产业升级，特地编制了这个规划，作为装备制造业综合性应对措施的行动方案，规划期为 2009—2011 年。这为装备制造业企业制定下一步发展规划奠定了基础。一方面企业要利用好这样的政策支持的机会，另一方面国家《规划》实施细则的制定也需要具有进一步的可操作性。在《规划》细则的制定中要充分利用新制度经济学的研究成果，同时考虑制度之间的兼容性。

　　四　中国装备制造业发展相关制度的效率分析

　　同任何事物发展过程一样，制度本身也有一个产生、发展、完善以及不断面临被替代的过程。这个过程被称作"制度变迁"。制度变迁通常表现为两种形式：制度进化和制度变革。制度进化是指一项制度通过自身的修正和改良逐步走向优化的过程，如现代企业制度就是人类社会生产组织制度长期发展进化的结果。[①] 制度变革是指一种具体的制度形式对另一种具体的制度形式的替代。本节将借鉴李怀（1999）研究成果，从效率视角对辽宁装备制造业制度的生命周期进行分析。一个明显的事实是，特定的经济制度关系重大，它们是会变迁的，且它们事实上正在发生变迁。人们试图对可选择的制度变迁加以考虑来作出社会选择，以增进经济效率和

　　① 李怀：《制度生命周期与制度效率递减——一个从制度经济学文献中读出来的故事》，《管理世界》1999 年第 3 期。

经济福利的实绩。① 制度变迁的动力来自效率的提高。因为装备制造业的外在制度主要是国家制定的，所以这一部分主要研究的是国家关于装备制造业制度的生命周期。很显然，在通过制度变迁的需求与供给的操作力量的市场中有一个严重偏向——通过利用经济与政治资源以努力实现制度创新与效率，而且还没有一种理论或政治体制表明如何消除这一偏向。② 但是，无论怎样，无论是什么样的政治体制，效率都是制度追求的核心。只要发生效率增进的地方，制度都会有一种不稳定的倾向，由原来的那种均衡到现在实现效率的均衡，进而发生制度的变迁。对于制度稳定的性质即便做一种尝试性的思考，人们也会认识到，很难随意性地将构建型的制度框架强加在人们身上，并希望它能够正常运行。一般来说，制度变迁可能是"设计糟糕"的制度不稳定的一种结果。但是，制度变迁也可能因为经济繁荣或衰退而发生，或者因技术、知识或文化的变化而产生。历史表明，不存在一种简单的办法来避免制度的不稳定性。当然，试图仅仅通过使用强制力来实现这种变迁也被证明是无效率的。③ 诚然，在我国，政府是唯一提供正式制度的合法机构。因此就同样会出现国有企业所出现的委托代理问题。但是，出于对政权稳定的考虑，政府大力推进经济发展。因为只有经济增长和充分就业才会使社会更加和谐稳定。所以制度变迁的效率原则在任何国家同样适用。

第二节　中国装备制造业竞争力提升的制度创新机制

一　制度变迁滞后对中国装备制造业竞争力的影响

美国次贷危机深刻改变了中国装备制造业的市场环境。中国装备制造业包括基础类装备、重大工程专用装备、交通运输类装备、现代军事设备

---

① Schultz, Theodore W. , *Distortions of Agricultural Incentives*. Bloomington: Indiana University Press, 1978, p. 1114.

② ［美］V. W. 拉坦：《诱致性制度变迁理论》，载科斯等《财产权利与制度变迁——产权学派与新制度学派译文集》，陈昕译，生活·读书·新知三联书店 2005 年版，第 328—330 页。

③ ［美］埃里克·弗鲁博顿、［德］鲁道夫·瑞切特：《新制度经济学：一个交易费用的分析范式》，吴水荣译，生活·读书·新知三联书店 2006 年版，第 31—35 页。

和高技术装备等领域，在国内同行业具有一定的影响力。① 因为装备制造业为国民经济各部门提供生产工具，所以次贷危机引起制造业的不景气会在一定时间内影响装备制造业。由于中国装备制造业对目前中国经济增长具有非常重要的作用，而海外市场又是中国装备制造业产品的重要市场，因而全球经济放缓和全球信贷紧缩，将使企业整体外部环境趋紧。次贷危机对中国装备制造业的影响是多方面的。首先，很多中国装备制造业企业的产品市场萎缩。次贷危机后，海外市场消费下降，导致对中国的进口快速减少。中国的内需市场又无法承载接盘，大量企业生产出的商品销售不出去，企业面临的问题是产品大量积压。其次，中国装备制造业的大量企业赖以生存的资金链条断裂。装备制造业对银行贷款的依赖度极高。一方面许多企业销往美国的产品的款项收不回来。另一方面全球的信贷紧缩使企业获得银行借款变得越来越困难。海外的一些热钱也迅速撤离，使资本链条更加雪上加霜。再次，中国装备制造业创新能力不足，靠成本低廉来取胜的道路根本走不通。装备制造业工程技术人员占职工总数的比例只有6.5%左右，而且缺少专业技术的顶尖人才和复合型经营管理人才，人才外流现象严重；多数大型企业没有建立起较强的技术中心，主要产品技术多数来源于国外，尤其大型成套设备的系统成套能力十分薄弱。在市场萎缩的情况下，面对越南、巴基斯坦等国家的低成本竞争，我们产品的低成本优势不再明显。如何提高中国装备制造业竞争力来应对这场经济寒冬已成为迫在眉睫的问题。

二　提升中国装备制造业竞争力的制度选择

（一）从装备制造业到装备创造业转变

2007年中国装备制造业首次超过冶金、石化，跃升为中国第一大支柱行业。2009年第一季度，中国经济创下13年来同期最高水平，而装备制造业又以同比超过三成的增幅成为全国经济增长的亮点。中国生产的重大装备，越来越多地被用于国家重点工程和重大项目。辽宁省被称为新中国的装备部，以辽宁省作为案例来分析具有很强的代表性。在辽宁省排名前20名的大企业中，有11个是装备制造业企业或相关制造业企业，辽宁生产的装备可以说遍及各地，但是辽宁省并不是装备制造业大省。因为在

---

① 王青、刘美泽：《辽宁装备制造业与国内同行业竞争力比较研究》，《社会科学辑刊》2008年第4期。

整条国际分工的产业链上，我们被定位在附加价值最低的制造业。整条装备制造业产业链包括产品设计、原料采购、仓储运输、订单处理、批发经营、终端销售和产品制造（装备制造业的"6＋1"）。目前，整条制造业产业链里附加价值最低的部分——产品制造给我们做，中国装备制造业如何从单纯的产品制造发展到整条装备制造业产业链是提高竞争力的重要课题。提高中国装备制造业的竞争力就是促进产业链升级，促进中国装备制造业到中国装备创造业转变。从传统装备制造的单纯产品制造"1"发展到装备创造的"6＋1"。如图7-1所示。

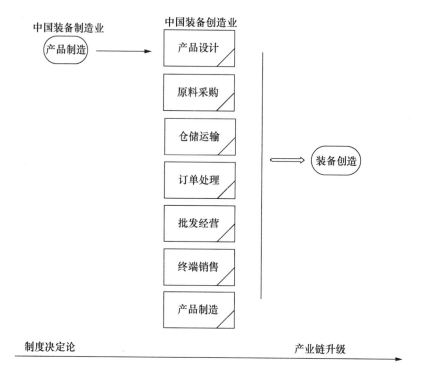

图7-1　由中国装备制造业到中国装备创造业转变示意

按照新制度经济学的理论，当以往的制度均衡中出现获得收益的机会，并且与其制度变革的收益超过变革成本时，制度变革通常会发生。经济改革作为一种主动的制度变迁，其初衷当然是试图通过引进新的制度安排，改变原有的制度均衡，从而获得制度变迁的收益。[①] 如果说，市场是一只"看不见的手"引导着市场资源的分配，那么制度就是另一只"看不见的手"，决定着经济的绩效。在不抑制产品制造积极性的情况下，将中国装备制造业的产业链扩展到装备创造业的"6 + 1"，有效的途径是通过制度激励。在新的制度安排下，改变装备制造业产业链的每一部分的成本和收益，降低产业链中产品设计、原料采购等附加值高环节的成本，对产业链的纵深发展予以政策引导和支持，鼓励企业改变单一产品制造局面。

（二）提升中国装备制造业竞争力的路径依赖及解决途径

辽宁省装备制造业基础雄厚，和其他省份相比受长期计划经济的影响更大，并由此形成了"路径依赖"效应。"路径依赖"类似于物理学中的惯性，是指事物一旦进入某一路径，就可能对这种路径产生依赖。这是因为，经济生活与物理世界一样，存在报酬递增和自我强化的机制。这种机制使人们一旦选择走上了某一路径，就会在以后的发展中不断自我强化。提高中国装备制造业的竞争力就需要打破中国装备制造业发展的传统路径依赖，抛弃主要依靠生产要素投入和比较优势进行产业扩张的粗放型经济发展方式，通过融合、创新、集聚和协调推动中国装备制造业，高新技术产业和先进制造业最终成为高端主导装备制造业。推动这些高端主导产业之间的有机融合、互动发展，实现经济社会发展的全面现代化。通过提高自主创新能力，形成装备制造业竞争力高端化。要突出装备制造业的高端集聚，形成装备制造业结构高级化、装备制造业布局合理化。以辽宁省为例，2009 年以来，以促进装备制造业的全面可持续发展作为最终目标，进一步加大装备制造业产业布局调整力度，大力推进了"沈西工业走廊"和大连"两区一带"先进装备制造业聚集区的建设。在沈阳，作为国家"铁西老工业基地调整改造暨装备制造业发展示范区"，沈阳市对集中发展装备制造业的西部空间进行了整合，设立了"近海经济区"，实现了沿海经济与腹地经济的互动。同时，总投资 47.5 亿元的 45 个先进装备制造业项目已全面展开，其中，特变电工沈变集团、北方重工集团、机床集团等企业去年前 10 个月都实现了 50% 左右的高速增长。在大连的"两区一带"装备制造业聚集区，现代装备制造业的发展也如火如荼，投资增幅

---

① 蔡昉：《中国农村改革三十年》，《中国社会科学》2008 年第 6 期。

高达 60%。大众一汽 30 万台发动机、塞迈拖拉机、一汽道依茨等投资额和牵动力巨大的项目纷纷投产，汽车、机床、重工装备等产业已显现出集群效应。从旅顺到长兴岛的渤海岸线造船工业带，已经有包括中远、新加坡万邦在内的 4 家造船厂同时运作，迅速产生的集聚效应将使大连市在 2010 年实现 600 万吨的造船能力。① 以辽宁已经建立的产业区为载体，扶持相关配套企业的发展，鼓励产业的纵深发展，从而降低交易费用。

（三）充分发挥民营企业活力

由于历史的原因，辽宁的民营企业发展不足，特别是装备制造业领域，以前很少有民营企业涉足。为了鼓励民营企业的发展，2005 年 2 月国务院颁布了《国务院关于鼓励支持和引导个体私营等非公有制经济发展的若干意见》。"非公经济 36 条"进一步消除了制约非公有制经济发展的体制性障碍，重点解决市场准入和财税金融支持两大难题，不仅为非公经济发展提供了更为广阔的发展空间，而且为进一步完善市场经济机制、广泛化解经济快速增长时期面临的各种不平衡等问题，为确保中国经济可持续增长、构建和谐社会奠定了坚实的基石。2006 年 2 月，《国务院关于加快振兴装备制造业的若干意见》鼓励社会资金特别是大型国有和国有控股企业以并购、参股等多种方式参与国有装备制造企业改革和不良资产的处置。对在重大技术装备制造领域具有关键作用的装备制造骨干企业，要在保证国家控制能力和主导权的基础上，支持其进行跨行业、跨区域、跨所有制的重组。在国家方针指导下，中国要大力发展民营企业，在制度上保障民营企业与国有企业的同等地位。在这方面辽宁省取得了一些成果，但是辽宁民营经济的发展空间仍然很大。在素有"中国鲁尔"之称的沈阳市铁西新区方圆 54 平方千米的核心工业区里，除了沈阳机床（集团）有限责任公司、沈阳鼓风机（集团）有限公司、内蒙古北方重工业集团有限公司等国有企业和特变电工沈阳变压器集团有限公司等改制企业组成的"第一方阵"外，还有一批民营企业高起点加入装备制造业，成为沈阳装备制造业一支不容小觑的新军。大力支持民营企业发展，在政策、资金、服务等方面一视同仁。引导民营资本投资装备制造业，形成产业集群，是我国装备制造业的发展重点。为此，应全力拓展民营企业的发展空间。在资金方面，应加速民营企业投融资的制度创新。

---

① 唐成选：《辽宁装备制造业实现由量变到质变飞跃》，《辽宁日报》2007 年 12 月 29 日。

三　提升中国装备制造业竞争力的制度创新机制

理想的改革推进效果当然是实现"帕累托改进"。但是这种理想状态并非永远能够达到。因此，在改革收益足够大的条件下，可以通过以改革收益的一部分来补偿改革损失，从而实现"卡尔多—希克斯改进"。

在由内在制度设计实现中国装备创造业"6 + 1"基础上，分析中国装备创造业外在制度环境，实现外在若干政策制度的稳定且相互配合，培育以市场为导向、产权清晰、管理先进、交易费用降低的中国装备创造业的核心竞争力。利用比较优势和后发优势，实现中国装备创造业的可持续发展，从而推动整个中国经济发展。如图 7 - 2 所示。

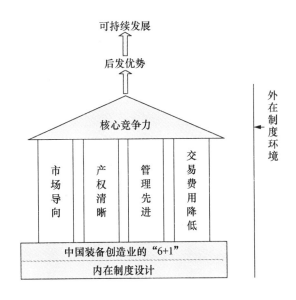

图 7 - 2　基于制度创新的中国装备制造业竞争力的提升

中国装备制造业竞争力的提升在产业内部需要内生的微观制度演进，也需要外在的制度环境。在内部建立激励相容的微观机制，在外部要有稳定且相互配合的若干政策制度支持。政府在采取财政、金融、投资、环境等政策引导中国装备制造业竞争力提升的过程中，应发挥各种宏观制度的有效性及其制度相容性。一个产业的发展离不开宏观的制度环境，企业的计划和预期是建立在一定制度之上的，因此外在制度环境应保持相对稳定。

第三节 加快中国装备制造业发展
制度设计的原则

一 制度效率的原则

经济效率取决于制度框架是否能够激发对迄今为止尚未为人所知的信息的发现过程，制度框架对于鼓励装备制造业企业家的发现和创新极为重要。要使人们根据各自知识优势留意并利用新机遇，似乎有赖于某种制度安排。增进福利的经济秩序必须允许拥有知识优势的个人进行分散决策。[①] 无论装备制造业企业产权的安排、交易费用的降低、不确定程度的降低；还是社会福利的提高，制度的产生离不开经济效率的提高。如果经济效率得不到提高，制度变迁很难实现。新自由主义经济学家布坎南以主观主义方法论为基础，认为判断一个制度是否有效率，不必用客观主义的结果去检验，只需从该制度下的交易者出发，只要交易者能在该制度下公开自由的交易或订立契约，交易者一致认可这种作为决策规则的制度，该制度就是有效率的。[②] 效率是装备制造业制度设计的核心。只要发生效率增进的地方，制度都会有一种不稳定的倾向，由原来的那种均衡到现在实现效率的均衡，进而发生制度的变迁。装备制造业的制度效率可以通过以下指标来衡量：经济效率、环境效率、社会责任效率和国家战略。

二 帕累托改进原则

制度变迁涉及收入重新分配这一利益格局，通常可能会出现受损者和受益者。如果这些受损者的利益得不到补偿，这种制度安排便会受到抵制，进而影响社会稳定。一般来说，好的制度安排可以提高资源配置效率，保持社会稳定、发展、和谐。[③] 最佳制度变革为帕累托改进，此时不存在能使他人利益不受损害而使某人获利的方法，即边际制度成本所带来

① 王延惠：《制度功能、演化与有效制度标准：市场过程理论的理解》，《制度经济学研究》2005 年第 12 期。

② ［南］斯韦托扎尔·平乔维奇：《产权经济学》，蒋琳持译，经济科学出版社 1999 年版，第 65—67 页。

③ Douglass North, "Institutional Change and Economic Growth". *The Journal of Economic History*, Vol. 31, No. 1, 1971, pp. 118–125.

的边际收益达到极大值，任何变化都会使之下降。比如，装备制造业企业国有比重过大的问题，在制度设计中，不是要一下消灭国有企业，而是要通过股份制、产权转让制等制度设计，在国家利益、企业利益等都不发生损失的情况下，实现社会整体利益的增进。又如，装备制造业前期投入非常大、风险高，一般私营资本很难有能力进行这么大的投入，这是国有企业比重高的现实原因。在国有装备制造业企业领导人的选拔上，移植、照搬国外的企业经理人的制度设计也是不合适的，有什么样的产权结构，就需要有什么样的企业治理结构的制度设计。有效实现帕累托改进的制度设计降低的是装备制造业企业运行中每一笔经济关系的成本，但当新一轮制度创新、制度变迁时，淘汰原有制度形式。制度的发展和完善——边际效率递增和制度的逐步被替代——边际效率递减。新制度的出现有效激励人的行为，提升生产效率，加强预期和合作，制度效率发挥的越来越强。

三　交易成本最低原则

从"解决外部性"和"交易成本非零"入手的新制度经济学，主要是从产权的基本功能和"成本—收益"效率标准去解释、衡量、比较差异化的产权福利安排以及产权形态的替代效率。新制度经济学产权理论就是从产权和外部性关系上衡量产权配置的效率，保证私人收益率等于社会收益率。如果最终形成的产权激励能使外部性内部化，那么这种产权配置就是有效率的。[①] 人类追求高效交易的本性使如何降低交易费用成为一个现实问题，对此，科斯的制度起源理论就提出：交易费用的存在必然导致制度产生，制度的运作又有助于降低交易费用，使交易活动不断逼近"零交易"费用的完全竞争市场。在此基础上，科斯又进一步指出：交易费用大于零时，制度安排不仅对分配有影响，而且对资源配置及经济产出均有影响。[②] 戴维斯、诺思等认为，制度安排之所以会被创新，是因为有许多外在性变化促成了利润的形成，但是，又由于对规模经济的要求，将外部性内在化的困难、厌恶风险、市场失败以及政治压力等原因，而使得这些潜在的外部利润无法在现有制度安排结构内实现，从而导致了一种新

---

① 李怀、高磊：《产权福利安排、产权替代效率的理论比较和制度启示——基于马克思产权理论和新制度经济学产权理论》，《广东商学院学报》2009年第1期。

② 胡曙光、陈启杰：《制度效率与交易制度比较研究》，《财经研究》2002年第10期。

的制度安排的形成。① 正因为制度变革过程中的界定、设计、组织等成本和制度运行过程中的组织、维持、实施存在制度成本。在装备制造业的制度设计中就必须考虑制度的交易成本。比如，近些年装备制造业企业尝试通过海外并购的方法来获得核心的技术、提高产品的技术含量，却陷入引进—落后—再引进的怪圈。从新制度经济学的视角来看，固然有国内技术储备不足，消化吸收能力差等原因，但是其根本原因在于企业并购中的技术获取不仅仅有技术获取的直接成本即并购成本，还有更高额的技术获取的交易成本，即将外来的技术变成企业自身能够灵活、恰当运用于产品中的技术消化的成本。

四　尊重制度生命周期规律的原则

同任何事物的发展过程一样，制度本身也有一个产生、发展和完善以及不断面临被替代的过程。这个过程被称作"制度变迁"。制度变迁通常表现为两种形式：制度进化和制度变革。制度进化是指一项制度通过自身修正和改良逐步走向优化的过程，如现代企业制度就是人类社会生产组织制度长期发展进化的结果。从效率视角对中国装备制造业制度的生命周期进行分析。一个明显的事实是，特定的经济制度关系重大，它们是会变迁的，且它们事实上正在发生变迁。人们试图对可选择的制度变迁加以考虑和权衡来作出选择，以增进经济效率和经济福利的实绩。很显然，在制度变迁的需求与供给操作力量的市场中有一个严重的偏向——通过利用经济与政治资源来实现制度的创新与效率，目前还没有一种理论或政治体制表明如何消除这一偏向。② 由于任何制度安排都是在一定的生产力状况和技术水平下产生的，随着生产力的发展和技术的进步，制度安排必须作相应的变化和调整。否则，其效率必然会降低。那么，制度安排是否能够随着生产力的发展和技术进步而适时调整呢？这就是说，在一定的条件下，制度安排的效率必然递减，低效和无效的制度必然持久存在。③ 一方面，当装备制造业的制度效率降低时，制度的提供者就应该考虑新制度的供给。另一方面，新制度的出现会提高装备制造业企业的竞争力，但绝不是一蹴

① ［美］诺思：《制度、制度变迁与经济绩效》，杭行译，上海人民出版社2008年版，第114—116页。

② ［美］科斯等《财产权利与制度变迁——产权学派与新制度学派译文集》，陈昕译，生活·读书·新知三联书店2005年版，第19页。

③ 袁庆明：《制度效率的决定与制度效率递减》，《湖南大学学报》2003年第1期。

而就，新制度也会逐渐成为旧制度。所以，从这个角度上说，制度的设计和变迁是一种常态。

第四节　优化中国装备制造业发展制度环境

一　一切经济现象背后都是经济制度在起作用

制度决定着经济社会人的行为和经济绩效，只是不同的经济问题有不同表现。中国装备制造业竞争力问题表面上是因为中国旧有计划经济体制导致的路径依赖效应、发展时间短而相对于跨国大公司基础薄弱和关键核心技术缺乏，等等。实质上是因为中国装备制造业竞争力提升的有效制度的缺乏。这些制度既包括微观的内在管理制度，也包括宏观上产业所处的外在的制度环境。要提升中国装备制造业竞争力其根本解决方法是利用制度手段。有了有效的制度，其他所有的问题都会在这只"看不见的手"的引导下得到解决。最近面对世界范围内经济上的不景气现象，不少装备制造业企业在地方政府的主导下进行合并或重组。这种合并或重组的"造大船"运动是否能取得理想的效果，从新制度经济学的视角上看，这取决于市场的交易成本高还是企业内部运营和管理的成本高。现在简单给出结论未免过于武断。① 那么一个经常被人们假设为"零成本"的交易费用应该被我们重新审视。在正交易成本的视角下研究提升装备制造业的策略才更接近"真实的世界"。

二　中国装备制造业拥有一定的市场并不意味着拥有竞争力

虽然中国装备制造业的产品遍布各地，但是我们从事的是整条产业链最底端的产品制造这一环节。改变国际分工中的位置，是产业未来生存的必要条件。如果情况不改变，在美国次贷危机的背景之下，广东大批代工生产企业的倒闭就是中国装备制造业的明天。提升竞争力，不仅要从产品本身入手，更要从其他六大环节入手，通过税收等制度的设计，降低其他六大环节的成本，使中国的装备制造业形成完整的产业链，真正实现中国装备业创造。

---

① 李怀、邵慰：《新制度经济学的研究方法解析》，《经济纵横》2009 年第 3 期。

三 以市场为导向，充分发挥民营企业的作用

以产权为重点的国有企业改革虽然取得了一些成绩，但是由于过去装备制造业基本为国有企业，政府干涉企业行为的事情也时有发生。既然国家坚定市场导向的方向，就应该尊重企业的自主权。近些年，民营企业在装备制造业中的比重越来越大，已经发挥着越来越重要的作用。在上海、广东、江苏、浙江等民营经济比较发达的地区，装备制造业的产权结构逐渐呈现出多元化的特点，但是东北老工业基地的国有装备制造企业比重高，民营企业发展不足的省份，如何发挥民营企业的作用，仍是难题。

案例：华晨汽车制度创新的案例

作为我国最大的十家汽车企业之一，华晨汽车的兴衰成败影响汽车产业布局及发展走向。当前，国家汽车产业政策出现了新变化，国内汽车企业兼并重组浪潮风起云涌。华晨的发展出现了一些新问题，如不采取有力措施，积极应对，华晨极有可能被实力强大的其他车企吞并。

2009 年年初，国务院制定的《汽车产业调整和振兴规划》明确指出："鼓励一汽、东风、上汽、长安等大型汽车企业在全国范围内实施兼并重组。支持北汽、广汽、奇瑞、重汽等汽车企业实施区域性兼并重组"，形成 2—3 家产销规模超过 200 万辆的大型汽车企业集团，4—5 家产销规模超过 100 万辆的汽车企业集团。华晨汽车不在国家重点支持的行列，自身发展又出现了一些困难，而成为这些大型汽车企业争相重组的目标。华晨要继续坚持独立发展还是要和其他企业重组？如果选择和其他企业重组，一汽是不是最合适的买家？这些都是关系华晨生存和发展的重要问题。

一 华晨目前的主要困难

（一）缺少资金

资金"瓶颈"越来越明显，已经开始制约企业的长期发展。A 级车项目、华晨宝马扩能工程、绵阳基地建设、金杯海狮新品研发等众多华晨新项目都"箭在弦上、难以发出"。

（二）研发滞后

华晨乘用车目前有尊驰、骏捷、酷宝、骏捷 FRV、骏捷 Wagon 五款车型，其中尊驰比重较小，其他全都是骏捷的"派生品"。一直以来，华

晨都在沿用仰融等规划的产品、技术框架，缺乏技术改进；1.8T 发动机平台、M2 轿车平台、M3 跑车平台，也因为缺乏后续技术支持而没有被开发。

（三）负面新闻不断

（1）投诉门。在中国汽车投诉网的投诉排行榜上，华晨汽车的投诉数量高居榜首。

（2）碰撞门。2007 年，ADAC 德国汽车俱乐部对华晨尊驰进行碰撞试验并给出了"1 星"的难堪成绩之后，又在上月对华晨骏捷进行了碰撞测试，而华晨汽车在此次测试中交出的答卷却是比上一次更差的成绩——"0 星"。

（3）召回门。因发电机的调节芯片脱焊的质量问题，华晨召回部分2007 年 11 月 10 日至 2009 年 3 月 29 日期间生产的尊驰、骏捷轿车，共计1 万多辆。

（四）销售下滑

2008 年，华晨未能继续 2007 年的销售高峰，开始下滑，当年销售量为 28.51 万辆，同比下降 5%，销售收入较 2007 年减少 20 亿元。其中，中华系列轿车排在全国销售下滑速度最快榜的第 7 位。骏捷已经一再降价，让利空间有限；再者是新车型定价受企业扩张资金紧张影响，不可能再像以前一样用低价一炮打响。

二　华晨的出路

尽管问题重重，但华晨又具有国内大型车企扩大产能最急需的优质资源，而成为它们争相重组的目标。是坚持独立发展，还是被其他车企重组？华晨当前主要有三条出路：

出路之一：坚持独立发展。按计划，华晨 2010 年的目标是实现整车销售 50 万辆、发动机 50 万台、变速箱 50 万台、销售收入 800 亿元；2012 年实现整车销售 100 万辆、发动机 100 万台、销售收入 1000 亿元以上。2009 年华晨的目标是达到 2007 年 30 万辆的水平，按这样的速度，要实现 2010 年和 2012 年的目标极其困难，面临极大的挑战。

（1）资金。2008 年年底，华晨中国拥有现金及现金等价物人民币12.439 亿元、短期银行存款人民币 6.92 亿元及已质押短期银行存款人民币 24.561 亿元。持有应付票据人民币 48.472 亿元及未偿还短期银行贷款人民币 4.998 亿元。2008 年 6 月的第一个压力就应付可转债赎回。华晨需要最高赎回金额将达人民币 12.747 亿元。偿还这笔钱后，华晨手里现金流就有断裂的危险。华晨目前找钱的途径有几种：银行贷款、整体上市融资、向辽宁省政府要。银行贷款的钱只能是杯水车薪。从 2008 年华晨上市公司的业绩来看，整体上市不可能给股民带来多少回报，只能是圈钱的工具。整体上市从资本上说是可行的，但是操作周期长，远水解不了近渴。辽宁省政府也不能把钱源源不断投入华晨。据笔者研究，华晨最困难的时期应该是 2010 年，现在并不是最困难的时候，都需要政府投钱，那么以后更困难的时候，对于政府来说，那么大的资金需求是财政不能承受的。

（2）原材料或配件。华晨很多原材料或配件都需要采购。产量迅速的膨胀需要大量的配件，供应会存在问题。比如前段时间，华晨主打的 FRV 就存在发动机供应不足的问题，影响生产和销售。

（3）劳动力需求，技术工人。华晨基本上以人工组装为主。要实现预期目标，两年内需要大量的熟练的技术工人。短期内无法培训或从市场上找到那么多的工人。

（4）市场，销售。中国汽车市场存在产能过剩的问题。长期来看，那些质优价廉的产品才会受到消费者的青睐。目前华晨高居被投诉汽车产品的榜首。如何重新获得良好的口碑是华晨亟须解决的问题。2008 年销售量相比 2007 年大幅下滑。目前情况如果得不到改善，目标是根本不可能实现的。另外，华晨一直在营销方面过于低调，相比一些自主品牌如吉利、奇瑞等，在产品宣传、推广的力度还是不够，甚至不如近来请小沈阳在央视做广告推广的长城。品牌影响力过小势必会影响到产品销量、企业利润。

出路之二：兼并国内外企业。国家明确指出，扩大产能必须在兼并现有汽车生产企业的基础上进行。华晨汽车的产能已经达到 80 万辆，因资金不足而闲置的产能为 50 万辆，是汽车行业中独一无二的优质资源。

（1）政府可以考虑以华晨为主体，整合黄海等辽宁省汽车企业，组建辽宁汽车集团，使产能达到 100 万辆，进入国家重点支持的行列。同时，华晨可以借鉴北汽的经验，兼并省内外优质的汽车零部件企业。

（2）积极参与海外竞购。国外的汽车企业深陷金融危机的泥潭，生存状况堪忧。到国外收购车企，借鉴吉利汽车的经验，重点收购具有汽车核心部件研发能力的汽车企业和具有完整销售网络的汽车销售企业。既解决了华晨研发的短板又为进军海外市场铺平道路。

出路之三：被其他车企兼并重组。和其他企业联合重组也有成功的案例。柳州五菱汽车有限责任公司自2002年和上汽、通用联合成立新公司上汽通用五菱后，由一个濒临破产的小厂成长为中国汽车销售的龙头老大。不仅为柳州上缴了巨额利税，更为柳州解决了大量的劳动力就业问题。所以，在企业利益最大化的情况下华晨可以被重组。华晨重要的意义在于：

（1）对于相关产业的拉动。华晨汽车的许多零部件采购自辽宁的企业。如车身钢板从鞍钢采购；车桥从辽宁曙光采购；发电机从锦州汉拿电机采购，等等。

（2）对于就业的拉动。直接在华晨就业的人数为3.5万人。华晨在上游有庞大的零部件制造企业，在下游有无数的经销商，外围还有服务于汽车产业的更为庞大的衍生行业，其在辽宁省创造的间接就业岗位超过10万人。

（3）财税收入。2008年华晨的利税达到29亿元，是辽宁纳税大户。

如果有企业会为华晨注入大量的资金，并好好经营华晨，围绕华晨追加的投资，华晨是省政府的企业或者是哪个汽车集团的企业并不那么重要。更何况华晨还需要政府救助，如果在未来的竞争中败下阵来，大量劳动力失业，也可能会有大量失业工人上访、闹事，必然影响辽宁的稳定。

到目前为止，一汽、广汽、北汽等都与华晨有过接触，其中一汽到现在仍然在国家相关部门活动，为将华晨并入麾下努力。但一汽主要是希望通过政策来"摘桃子"，而不是靠注入现金，这显然不是华晨需要的。同时，一汽缺少成功的并购经验，2002年一汽重组天汽集团后，天津当地的零部件供应商几乎被一汽配套商替代，给当地带来很大损失。所以，按照目前一汽的重组条件而言，华晨不应同意与其重组。

综上所述，华晨坚持独立发展，政府应立即注入巨量资金，给予更大扶持；以其为主整合其他汽车企业，政府应发挥主导作用，强力推动；被其他车企兼并重组，政府应考虑如何谋求最大利益。

第八章　结束语

　　装备制造业作为我国的战略产业，是整个工业的核心和基础。装备制造业为各行各业提供了生产必需的设备和零部件，使生产要素向科技含量高、效益好的部门聚集，降低了生产成本，极大地推动了其他产业的发展，具有极强的带动效应。装备制造业在我国经济发展中的重要性不仅是各界共识，也被中国大力发展市场经济实践所证明。改革开放以来，中国装备制造业得到了迅速发展，保持了年15%以上的增长率，不仅基本满足了我国市场的需要，并以低成本的优势逐渐走向了国际市场。然而，技术储备薄、产品附加值低、配套能力差、产业集群程度低、产业链条短、产品技术含量低等问题正深刻地影响着我国装备制造业的竞争力。提高产品附加值，提高技术能力，实现从装备制造到装备创造，进而提高中国装备制造业的竞争力越来越受到学界的关注。

　　波特提出钻石体系的分析架构认为，加强本国企业创造国内竞争优势包括生产要素、需求状况、相关产业和支持产业表现、企业的策略、结构和竞争对手。以多罗茜、莱昂纳德·巴顿（Dorothy，Leonard－Barton）等为代表将企业的技术广义化，认为企业的员工技能、生产技术、管理水平、企业文化都是企业技术的一种。而核心竞争力体现在企业具有的技术中，即企业技术水平的高低决定企业是否具有核心竞争力。在国内，霍春辉（2008）等学者从产业集群的视角提出了基于创新型产业集群的中国装备制造业竞争力提升战略。在提到竞争力来源的时候，专家们几乎各持己见，很难达成共识，但是对技术创新的观点是个例外。刘岩（2008）、赵忠华（2007）、刘秀玲（2009）等无一例外地认同技术创新在提高竞争力中的作用。然而，国内专家学者根据国际主流的竞争理论为基础的文献不能很好地解释为什么我国装备制造业企业在资本等生产要素得到国家政策大力支持的情况下，技术仍不能摆脱引进—落后—再引进—再落后的怪圈。[1]

由于诺思的开创性贡献（North，1971），近年来经济学家们开始关注制度对装备制造业竞争力的重要作用。

第一节　中国装备制造业发展的制度"瓶颈"

传统制度概念一直被看作是政治学的"专利"，直到制度本身所包含的效率受到人们特别关注时，这一概念才进入经济学家的视野。同任何事物的发展过程一样，制度本身也有一个产生、发展、完善以及不断面临被替代的过程。[2] 这个过程被称作"制度变迁"。制度变迁通常表现为两种形式：制度进化和制度变革。制度进化是指一项制度通过自身的修正和改良逐步走向优化的过程，主要通过内在的管理制度的完善实现。制度变革则需要由制度的供给方——政府来推动。

一　装备制造业产业政策的制度变革回顾

以1998年中央经济工作会议首次提出"装备制造业"概念和美国金融危机为节点，我国装备制造业的产业政策大致可分为三个阶段。

第一阶段："一五"到1998年12月中央经济工作会议之前。国家并没有明确装备制造业的提法，装备制造业相关的产业政策体现在该时期各个5年规划之中。通过一系列制度的设计和引导，装备制造业从无到有，大部分的装备都能自给自足。1953—1998年，中国GDP的年均增长率为7.8%、工业年均增长率为11.9%，而装备制造业年均增长率为17.6%，比GDP的增长速度高出9.8个百分点，是带动经济快速增长的发动机。

第二阶段：1998年12月中央经济工作会议到2008年国际金融危机。1998年中央经济工作会议首次提出"装备制造业"概念并出台一系列支持装备制造业发展的政策，在此阶段国内装备市场需求急剧膨胀，国内制造企业的生产订单大幅度增加，私人资本首次进入该领域。几乎所有的门类的装备我国都能够自行生产，但重大装备国内自给率不到50%。

---

[1]　邵慰：《中国装备制造业竞争力提升策略研究》，《中国科技论坛》2012年第2期。

[2]　李怀：《制度生命周期与制度效率递减——一个从制度经济学文献中读出来的故事》，《管理世界》1999年第3期。

第三阶段：金融危机爆发至今。金融危机爆发以来，经济形势发生急剧变化，作为正式制度的供给方——政府设计了一些制度。国家先后出台了《纺织工业和装备制造业调整振兴规划》、《装备制造业调整和振兴规划》等及其与之配套的相关制度。《国务院关于加快培育和发展战略性新兴产业的决定》和"十二五"规划等也将装备制造业列为发展的重点之一。这些政策极大地促进了装备制造业的发展。

二 当前装备制造业相关制度存在的问题

（一）缺少对国内区域分工协作的引导

东北、长三角和珠三角地区在发展装备制造业方面相对于我国其他的地区具有比较优势，特别是东北一直是我国装备制造业的主要基地。制度的设计应该引导上述三个地区重大装备研制取得突破，全面提高重大装备技术水平，满足国家重大工程建设和重点产业调整振兴需要。而其他地区应将重点放到基础配套水平提高上，这样才能实现我国装备制造业整体组织结构优化升级。区域间的分工协调需要国家宏观产业制度设计的引导。在现有制度设计中，因未能在这方面有所体现，导致国内发展装备制造业的无序化。在各省份"十二五"规划中，有24个省份将发展装备制造业列为重点，这不仅会导致产能过剩、重复建设等一系列的经济问题，也是导致我国装备制造业国际竞争力不能迅速提高的重要原因之一。

（二）未涉及资本结构极不合理的问题

我国装备制造企业总体表现为高投资低收益的严重不合理的资本结构。统计数据表明，我国装备制造业的资本构成为国家资本38.47%、集体资本12.01%、法人资本17.92%、个人资本6.41%、港澳台资本7.12%、外商资本18.06%。由于装备制造业进入门槛较高，民营经济进入难度大且占比较小，故我国绝大多数装备制造业企业都是国有企业。民营资本对于提高市场竞争程度，提高国家产业竞争能力的作用是显而易见的。在现有的制度设计中，缺少民营资本进入装备制造业领域的引导激励措施、实现路径及配套措施。而国外，绝大多数装备制造业企业是民营企业或者股份企业。

（三）与低碳低耗能的整体经济发展趋势不能达到激励相容

随着全球人口数量的上升和经济规模的不断增长，化石能源、生物能源等常规能源的使用造成的环境问题及其后果不断为人们所认识，大力发展低碳经济不仅仅是全球经济发展的趋势，也是企业突破环境标准壁垒提高国际竞争力的必由之路。装备制造业需要在可持续发展理念指导下，通过技术创新、制度创新、产业转型、新能源开发等多种手段，尽可能减少煤炭石油等高碳能源消耗，减少温室气体排放，达到经济社会发展与生态环境保护"双赢"的一种发展模式。当前的产业政策制度设计中，强调的主要是技术能力的提高、创新能力的提高，并没有提及低碳节能方面的规划。这与国家宏观的节能减排的总体制度设计是不相容的。

（四）未充分重视非正式制度的协调发展

非正式制度的变迁注定是缓慢的、渐进的。以企业文化、习惯、风俗等形式出现的非正式制度对经济绩效的影响无须争论。在新制度经济学家看来，制度变迁过程主要存在三种现象，即时滞、路径依赖和连锁效应。① 这三种现象在非正式制度变迁方面的表现就更加明显。我国装备制造业企业大多数是国有企业，由于国有企业的领导是任命制，而企业领导在企业非正式制度的形成中具有重要的作用。所以非正式制度很难协调发展。在产业政策制度设计中，几乎没有涉及企业领导产生和培养的相关制度。企业文化等重要的非正式制度的建设更无从谈起。这些非正式的制度不是可有可无的，应是构成企业软核心竞争力的重要方面之一。

第二节　对策与建议

中国装备制造业竞争力问题实质上是因为中国装备制造业竞争力提升的有效制度的缺乏。② 综上所述，特提出以下建议。

一　通过制度手段提高中国装备制造业竞争力

（一）加强正式制度和非正式制度的耦合

在政府主导的强制性装备制造业产业政策的制度变迁过程中，要充分考虑企业文化、企业治理结构等非正式制度的接受程度。非正式制度的诱致性变迁与正式制度的变迁趋势相一致，非正式制度就会促进经济绩效的提升。反之，非正式制度则会起阻碍作用。非正式制度的变迁是个缓慢的过程，因此正式制度的变迁并不宜急于求成。需要非正式制度和正式制度

---

① 袁庆明：《新制度经济学》，中国发展出版社 2005 年版，第 89 页。

② 邵慰、陶晓丽：《基于制度创新提高辽宁装备制造业的竞争力研究中》，《中国科技论坛》2009 年第 6 期。

相配合才能获得理想的效果。这需要在提高产品技术含量的同时，也要考虑企业管理能力的提高和企业文化的塑造等因素。制度的变迁涉及利益的再分配，遵循帕累托改进的原则，在没有任何人利益损失的情况下，整体利益得到了增加当然是追求的理想状态。但是，这并不容易实现。可以考虑适当补偿利益受损的那一部分人。

（二）坚持政府引导和以企业为主体的机制

竞争力的提升离不开良好的制度环境。改变目前由上而下的制度演进机制成为很迫切的问题。在后金融危机背景下，适时地推出一些制度，使中国装备制造业提升竞争力，消除出口骤降的影响，尽快走出低谷非常必要。但是制度的演进应由企业为主体推动形成，而不应该由政府设计形成。不可否认，强有力的政府是中国装备制造业近30年得到快速发展的原因之一，但企业面对的约束环境变化以后，政府过度的干涉企业行为不仅不利于竞争力的提升，反而给企业进入海外市场增加额外麻烦。在装备制造业企业海外并购、企业自主创新等问题上逐步形成市场化的机制，政府只提供制度、环境和政策导向即可。同时，设计相关的制度，提高民营资本的比例，促进竞争格局的形成。

（三）加快有效制度的供给

目前来看，有效制度是缺乏的。这些制度既包括微观的内在管理制度，比如大型装备制造业企业领导者的选拔制度，也包括宏观上产业所处的外在的制度环境，比如产权制度等。要提升中国装备制造业竞争力的根本解决方法是利用制度手段。有了有效的制度，其他问题都会在这只"看不见的手"的引导下得到解决。目前，中国装备制造业发展中出现的一些关键问题，几乎都和制度设计密切相关。发展装备制造业对我国是非常重要的，但并不是所有的省份都要把装备制造业作为发展的重点。在国家的协调下，有些省份作为核心装备制造的主体，而另一些省份为之做配套，建立零部件的产业集群，发挥彼此的比较优势，避免重复建设，才能使我国整体的装备制造业竞争力提高一个层次。

（四）把握装备制造业发展的制高点

可以预见的是，低碳化在全球贸易中将逐渐成为装备制造业的一个生产标准，和技术一样成为未来装备制造业企业核心竞争力的来源。需要新的制度设计将社会和产业的可持续发展作为装备制造业发展的基本准则。在跟踪和把握产业运行态势，保增长、调结构、促发展的同时，积极推进节能降耗、清洁生产、合理利用资源、发展循环经济、实现可持续发展。把装备制造服务化发展作为产业升级转型的重要方向，提升产业价值链中营销服务业的比重。制度的设计要从两个角度进行：一是装备制造业本身生产产品过程中要实行低碳标准。二是装备制造业制造出的产品，即生产其他产品的装备在生产其他产品的时候要符合低碳化的原则。

二 促进装备制造业企业转型升级

当前国际经济环境充满不确定性，中国装备制造业企业正受到成本持续上涨、劳动力紧缺、利润率下滑以及海外订单锐减等不利因素的全面挤压。现实已经将中国装备制造业企业推上了不进则退的关头。唯有进行转型升级才会使企业渡过难关，再创辉煌。从转型升级的目标来说：一部分装备制造业企业应发展成为中大企业，从"轻量级"进入"重量级"；一部分装备制造业企业应立足于做精做专，在"轻量级"中拿金牌；一部分装备制造业企业可组成产业联盟，为大企业做配套，积极充当大企业的配角。解决装备制造业企业转型升级面临的问题，一方面，需要企业自身转变发展理念、认清发展方向；另一方面，需要政府通过执政能力的提升和职能的转变：以市场为导向，以企业为主体，为中国装备制造业企业的转型升级营造良好的发展环境。

（一）发挥集群优势，寻求协同发展

利用我国制造业集群发达的特点，寻求制造业与装备制造业协同发展。结合国家级产业集群示范区，在发展相应产业集群的同时，大力发展相配套的装备制造业，改变上述产业集群中产品制造的装备需要大量进口的局面。实现以制造业的市场反哺装备制造业，以装备制造业快速发展，带动制造业产品附加值的提高。

（二）扶持特色企业，培育"隐性"冠军

我国装备制造业基础薄弱，并且产业发展需要的大量资金和技术储备都是很大的考验。但是可以充分利用制造业全面转型升级，所提供的装备制造业发展的市场，在短期内集中资源在某个小领域发展，从小的领域为突破口，走"高"、"精"、"专"的发展之路。效仿德国装备制造业发展经验，培育产值规模虽然不大，但是在细分的市场中是行业领导者的世界"隐性"冠军。

（三）推动装备国产化，夯实研发基础

政府部门要加强对引进工业技术项目的引导管理，推动引进技术扩散

和产品的国产化，对企业消化和吸收先进技术提供支持。定期公布先进技术装备产品目录，对使用国产先进技术装备产品的企业予以适当的正向激励。积极推进工业设备"以产顶进"和进口替代，促进装备制造业在消化、吸收的基础上进行创新，提高自主开发能力。

（四）降低技术依赖，引进海外研发团队

经济新常态下，技术依赖远大于资金依赖和市场依赖。目前，我国装备制造业达到国际水平或国内领先水平的产品，多是借助引进技术或是合资实现的。况且产业的核心技术特别是前沿和战略高技术是引进不了的。引进海外研发团队是获得源源不断技术创新的有效方法之一。我国当前有引进海外高端研发人才的政策，并取得了非常好的效果。政策方面如果能向装备制造业倾斜，能在短时间内快速弥补技术依赖的问题。

（五）加快产业链修复，寻求"补链"型发展

众多成功的产业转型升级的经验证明，明确的政府政策指向和良好的市场传导机制，两者缺一不可。推动产业集群升级最重要的一步，是加快产业断链的修复。倘若能够打造一条完整的产业链，就能形成装备制造行业的集聚效应。政府要鼓励发展"补链"型企业，使企业由简单的"扎堆"、价格竞争转向实施差异化竞争战略，产业上下游之间配套协作，形成产业规模大、创新能力强、品牌影响大、市场份额高的现代产业集群，与下游企业相辅相成。

（六）优化产业组织，营造公平市场环境

欧美发达国家的产业政策，重在防止大企业的垄断妨碍市场竞争。而我国的产业政策，则应重在抑制中小企业间的过度竞争与不公平竞争。构建合理的大中小企业协作体系，建立起以大企业为中心，大企业带领中小企业发展，中心企业与密切协作的中小企业集聚在同一园区内，体系内协作"零距离"的发展模式。可以充分借鉴日本汽车产业发展的经验。日本汽车装配企业与零部件供应企业内部的相互持股，形成紧密的企业网络。网络内部的企业成员，在生产、战略、信息上存在密切的联系，成为难以分割的利益相关者，形成了超强的网络关系。

（七）推进"产学研"合作，科学配置人才资源

在创新精神的培育中，政府和企业是两种不同的力量。政府应当制定相关政策激励创新效率的提高，但企业是创新精神培育的主体。在强调单纯的财政资助或税收优惠外，不应忽视企业创新文化和企业家精神的培育

与激励。因此，应当尽快构建合理的企业间人才选拔机制和企业员工继续教育体制，形成"研发投入—技术创新—市场份额上升—研发投入增加"的正向循环。当前就我国装备制造业而言，产学研合作还需要政府的引导和政策支持。

（八）利用税收手段，促进装备制造业发展

充分利用税收杠杆，引导装备制造业产品向低碳化、自动化、智能化发展。一是全面梳理归纳税收优惠政策。对装备制造业涉及的税收优惠政策进行全面梳理，通过多种方式让企业理解，引导企业用好、用活、用足政策。二是不折不扣落实好各项税收政策。完善税收政策落实机制，确保各项税收政策执行准确并落实到位。努力做到应征尽征、应抵尽抵、应退尽退、应减尽减、应免尽免，充分发挥税收促进经济社会发展的重要作用。三是加快出口退（免）税办理进度。对于将装备制造产品成功打入国际市场的企业，加快审批手续，准确、及时办理税款退库手续，确保应退税款及时足额到账，缓解资金压力。

（九）注重品牌建设，保护知识产权

我国装备制造业规模大，其中不乏影响力的龙头企业。与国际巨头相比，起步较晚，所以真正能够在国际市场上拼搏的企业比较少。需要整合优势产品品牌，可利用商标收购、兼并、转让、许可等手段，在优势领域内实现跨企业、跨所有制的商标联合，以壮大优势企业的实力与形象。由于技术创新存在着信息不对称的困境，并且当前全国对技术市场中的知识产权的保护尚且不足，加大保护力度非常迫切。

附　表

表 1　　2003—2013 年中国装备制造业分行业规模以上企业工业总产值（亿元）

指　标	2013 年	2012 年	2011 年	2010 年	2009 年	2008 年	2007 年	2006 年	2005 年	2004 年	2003 年
金属制品业	33207.42	28970.62	23350.8	20134.61	16082.95	15029.61	11447.1	8529.47	2578.05	1985.54	3606.2
通用设备制造业	43314.8	37813.12	40992.6	35132.74	27361.52	24687.56	18415.5	13734.76	5592.06	4381.6	5636.9
专用设备制造业	32467.75	28421.16	26149.1	21561.83	16784.4	14521.3	10592	7953.31	3529.59	2854.81	3645.3
交通运输设备制造业	75377.38	66172.62	63251.3	55452.63	41730.32	33395.28	27147.4	20382.92	12886.9	11090.3	11935
电气机械及器材制造业	61442.08	54195.48	51426.4	43344.41	33757.99	30428.84	24019.1	18165.52	8783.75	6958.96	9026.2
通信设备,计算机及其他电子设备制造业	78318.64	69480.88	63795.7	54970.67	44562.63	43902.82	39223.8	33077.58	23446.7	19575.5	22386
仪器仪表及文化、办公用机械制造业	7531.52	6620.71	7633.01	6399.07	5083.31	4984.49	4307.99	3539.27	1860.72	1399.84	1654.6

资料来源:2004 年,2005 年数据来源于《中国科技统计年鉴》,其他来源于《中国工业经济统计年鉴》。

表 2　2003—2013 年中国装备制造业分行业规模以上企业 R&D 支出（亿元）

指　标	2013 年	2012 年	2011 年	2010 年	2009 年	2008 年	2007 年	2006 年	2005 年	2004 年	2003 年
金属制品业	201.3	160.0	111.3	61.9	46.1	43.4	31.9	20.965	15.439	8.399	7.079
通用设备制造业	486.1	404.9	406.7	237.3	210	175.6	137.6	103.491	68.816	50.924	42.87
专用设备制造业	448.6	374.7	365.7	234.9	197.8	145.6	109.4	75.904	55.152	34.652	31.74
交通运输设备制造业	898.2	750.3	785.3	582.2	460	372.9	301.3	223.973	173.71	127.47	95.65
电气机械及器材制造业	717.2	620.3	624	425.1	329.6	275.2	213.8	166.909	118.06	93.426	74.49
通信设备、计算机及其他电子设备制造业	1150.3	969.8	941.1	686.3	549.6	480.9	404.1	348.395	276.67	226.21	163.5
仪器仪表及文化、办公用机械制造业	131.9	108.5	120.9	57.4	48.5	37.9	29.1	18.774	16.544	12.581	8.589

资料来源：《中国统计年鉴》。

表 3　2003—2013 年中国装备制造业分行业规模以上企业研发人员当量（人年）

指　标	2013 年	2012 年	2011 年	2010 年	2009 年	2008 年	2007 年	2006 年	2005 年	2004 年	2003 年
金属制品业	79315	65665	40167	26406.12	22700.2	18344.68	12515	9883.05	9169	7406	5978
通用设备制造业	191916	173046	154694	98089.73	84218.9	72752.62	59700	49864.72	43369	47220	37920
专用设备制造业	178461	156516	146529	86737.52	75524.2	62240.24	51296	42822.44	38870	37474	32021
交通运输设备制造业	301551	260631	220087	176921.06	143758.2	121060.16	112912	92906.81	83618	68993	68391
电气机械及器材制造业	255835	225983	205275	137964.99	108093.9	88195.91	70910	64143.8	43371	41523	35005
通信设备、计算机及其他电子设备制造业	390977	380497	318018	278582.81	216503.8	201455.71	170923	122066.18	111486	87631	73331
仪器仪表及文化、办公用机械制造业	69174	59411	61605	32578.49	26350.9	22473.98	17859	13237.96	12363	17179	8938

资料来源：2011 年、2005 年、2004 年、2003 年数据来源于《中国工业经济统计年鉴》，其他来源于《中国统计年鉴》。

表4　2003—2011年中国装备制造业分行业规模以上企业外商直接投资（亿元）

指标	2011年	2010年	2009年	2008年	2007年	2006年	2005年	2004年	2003年
金属制品业	537.31	547.73	500.13	499.46	402.46	330.06	280.92	235.86	184.37
通用设备制造业	1274.01	1180.62	1108.01	1028.07	794.21	658	556.86	474.53	345.76
专用设备制造业	787.9	808.88	836.85	630.63	449.43	349.62	258.56	235.06	121.57
交通运输设备制造业	2104.4	2000.95	1813.98	1692.36	1427.49	1141.34	844.47	792.75	489.27
电气机械及器材制造业	1386.37	1329.8	1256.46	1200.66	984.87	745.01	668.05	598.67	447.08
通信设备、计算机及其他电子设备制造业	3681.28	3741.11	3355.36	3346.88	2925.18	2441.99	2037.13	1700.51	1110.67
仪器仪表及文化、办公用机械制造业	323.76	315.94	343.47	298.82	240.57	223.17	195.86	165.11	119.76

资料来源：《中国统计年鉴》。

表5　2003—2013年中国装备制造业分行业规模以上企业出口交付值（亿元）

指标	2013年	2012年	2011年	2010年	2009年	2008年	2007年	2006年	2005年	2004年	2003年
金属制品业	3589.29	3299.91	3016.62	2758.49	2133.39	3092.37	2781.69	2164.49	1746.86	1549.11	1049.25
通用设备制造业	4969.76	4782.09	3832.8	3286.23	2736.25	3450.11	2833.93	2165.19	1717.85	1389.33	829.17
专用设备制造业	2994.31	2826.75	2321.23	1994.82	1534.1	1891.33	1417.32	1108.32	750.85	603.98	337.98
交通运输设备制造业	6196.41	6377.24	6813.78	5938.81	4771.85	5088.7	3778.53	2708.27	1865.82	1352.59	935.67
电气机械及器材制造业	9376.47	9125.03	9477.85	7982.66	6070.31	6855.66	5892.37	4616.21	3728.01	3154.48	1949.85
通信设备、计算机及其他电子设备制造业	44915.73	42454.71	37469.14	34250.31	27224	29179.46	26260.18	21606.52	16164.2	13752.15	8260.88
仪器仪表及文化、办公用机械制造业	1156.12	1045.52	2188.42	2047.8	1699.82	2082.09	1996.98	1767.69	1476.62	1185.22	847.65

资料来源：《中国统计年鉴》。

表6 　2003—2013 年中国装备制造业分行业规模以上企业总资产（亿元）

指　标	2003 年	2004 年	2005 年	2006 年	2007 年	2008 年	2009 年	2010 年	2011 年	2012 年	2013 年
金属制品业	3256.63	4230.47	4769.27	5898.51	7494.01	9590.38	10954.06	13155.29	15191.47	19410.90	21390.04
通用设备制造业	6604.64	8889.28	9886.06	11700.84	14868.07	19461.37	22363.37	27615.27	29853.77	31493.59	35102.96
专用设备制造业	4816.05	5781.81	6391.13	7671.58	9962.73	13538.5	15448.08	19561.45	22778.01	26403.52	29609.08
交通运输设备制造业	11916.41	14432.13	16108.05	19606.81	25189.96	31145.44	38095.73	47981.05	54340.84	59094.15	66813.87
电气机械及器材制造业	7373.5	9484.16	11062.69	13221.04	16411.68	20747.85	24224.63	31717.94	37583.86	42317.44	46375.08
通信设备、计算机及其他电子设备制造业	12086.97	15759.06	18063.24	20500.94	24376.2	27012.93	29737.5	37719.8	41510.83	46427.82	50768.81
仪器仪表及文化、办公用机械制造业	1524.04	1908.63	2226.09	2681.88	3137.87	3812.59	4543.99	5168.62	6076.74	5844.97	6509.13

资料来源:《中国统计年鉴》。

表7 　2003—2013 年中国装备制造业分行业规模以上企业主营业务收入（亿元）

指　标	2003 年	2004 年	2005 年	2006 年	2007 年	2008 年	2009 年	2010 年	2011 年	2012 年	2013 年
金属制品业	3703.88	4990.34	6394.35	8329.36	11100.92	14547.59	15499.2	19642.38	22951.33	29069.75	32842.94
通用设备制造业	5418.43	8103	10197.83	13311.85	17837.3	23837.78	26636.42	34400.11	40157.93	38043.25	42789.01
专用设备制造业	3665.64	4903.23	5932.97	7724.99	10265.54	14116.48	16480.15	21312.97	26059.6	28711.39	32057.48
交通运输设备制造业	11028.57	13454.62	15562.6	20137.34	26637.1	32913.38	41090.49	55058.68	63131.95	66983.96	77085.12
电气机械及器材制造业	7487.04	10871.43	13363.92	17649.46	23213.79	29374.91	32386.51	42152.59	50148.85	54522.61	61018.14
通信设备、计算机及其他电子设备制造业	15876.27	22565.39	26844.02	33054.43	39014.14	43177.95	44215.94	55161.16	63474.89	70430.07	77226.31
仪器仪表及文化、办公用机械制造业	1607.26	2187.52	2735	3497.17	4205.44	4850.64	4939.51	6322.87	7468.83	6656.48	7681.88

资料来源:《中国统计年鉴》。

表 8 　　　　2003—2013 年中国装备制造业分行业规模以上企业总利润（亿元）

指标	2003 年	2004 年	2005 年	2006 年	2007 年	2008 年	2009 年	2010 年	2011 年	2012 年	2013 年
金属制品业	168.41	234.01	314.23	394.4	532.6	749.79	858.88	1364.73	1545.71	1843.79	1878.31
通用设备制造业	299.63	469.75	625.26	837.91	1172.25	1587.84	1784.73	2710.67	3054.92	2735.49	2867.05
专用设备制造业	173.46	259.67	324.65	478.64	774.58	1010.35	1184.88	1855.05	2154.43	2144.44	2147.28
交通运输设备制造业	777.04	784.61	664.01	1002.71	1685.08	2127.41	3063.33	4856.4	5478.38	5245.2	6033.4
电气机械及器材制造业	374.48	507.62	640.17	841.76	1233.35	1809.33	2169.12	3116.2	3310.13	3419.72	3451.73
通信设备、计算机及其他电子设备制造业	617.19	837.54	891.69	1137.61	1445.89	1542.67	1756.23	2873.03	2827.42	3194.18	3308.25
仪器仪表及文化、办公用机械制造业	86.83	107.84	154.35	203.32	278.66	326.09	376.47	538.01	612.83	575.54	647.16

资料来源:《中国统计年鉴》。

表 9 　　　　2003—2013 年中国装备制造业分行业规模以上企业有效专利数（件）

指标	2003 年	2004 年	2005 年	2006 年	2007 年	2008 年	2009 年	2010 年	2011 年	2012 年	2013 年
金属制品业	129	682	329	741	1092	1297	1415	2420	4780	8093	9656
通用设备制造业	305	952	678	1855	2173	2705	4482	5668	13464	22984	23994
专用设备制造业	261	1120	611	1462	1613	2811	3933	6303	16358	21785	28145
交通运输设备制造业	267	748	803	1634	1816	4501	4828	6983	12071	18287	23567
电气机械及器材制造业	2406	4015	2807	4210	8196	6534	10126	12492	24052	31346	38601
通信设备、计算机及其他电子设备制造业	2790	5066	7666	4961	9709	18750	25448	41130	62159	83589	97994
仪器仪表及文化、办公用机械制造业	188	502	151	941	784	1376	2179	2749	6759	7763	9236

资料来源:2011 年、2005 年、2004 年、2003 年、2002 年数据来源于《中国工业经济统计年鉴》,其他来源于《中国科技统计年鉴》。

附录：调查问卷

中国装备制造业企业海外并购情况调查问卷

当前，中国先进装备制造业自主研发能力差，技术储备少，应用的技术多是国际上面临淘汰的技术。所以，众多企业将目光瞄准海外，期望通过跨国并购实现技术的跨越式升级，进而进行技术追赶，以提高企业的核心竞争力。本问卷针对中国装备制造业企业海外并购若干问题进行调查。问卷开始前，先做以下两点说明：（1）本问卷采取匿名形式，请放心填写。（2）调研报告用于科学研究，不会用于其他任何用途，请填写真实情况。感谢您的参与和配合！

1. 企业基本情况：
固定资产（万元）：　　　　　员工人数：　　　　　技术人员总数：
2. 贵企业是否已经进行了海外并购？
A. 否（做第 3 题）　　　　　　　B. 是（做第 7 题）
3. 是否打算进行海外并购？
A. 打算（做第 4 题）　　　　　　B. 不打算（做第 5 题）
4. 打算进行海外并购的原因？
A. 扩大市场　　B. 获得技术　　　C. 绕过贸易壁垒
D. 分担风险　　E. 其他原因（请写出）
5. 不打算进行海外并购的原因？
A. 成本过高　　B. 人才匮乏　　C. 缺少相关知识　　D. 融资困难
E. 中介不成熟　　F. 实力不够　　G. 其他原因（请写出）
6. 未来几年是否有海外并购计划？

A. 有　　　　　　　　B. 没有

7. 并购后为企业带来了哪些好处?

A. 尚不明朗　　　　B. 知名度提高　　　　C. 市场扩大

D. 获得技术　　　　E. 经济效益提高　　　　F. 其他（请写出）

8. 并购中困难是什么?

A. 文化冲突　　　　B. 资金困难　　　　C. 整合困难

D. 技术消化困难　　E. 其他（请写出）

9. 并购海外企业对国家政策方面有什么意见和建议?

(1)

(2)

(3)

填写日期:　　　年　　　月　　　日

参考文献

［1］［冰］思拉恩·埃格特森：《经济行为与制度》，吴经邦等译，商务印书馆 2007 年版。

［2］［德］柯武钢、史漫飞：《制度经济学》，韩朝华译，商务印书馆 2004 年版。

［3］［美］V. W. 拉坦：《诱致性制度变迁理论》，载科斯等《财产权利与制度变迁——产权学派与新制度学派译文集》，陈昕译，生活·读书·新知三联书店 2005 年版。

［4］［美］阿尔斯通：《制度经济学的经验研究：一个概述》，载诺思等《制度变革的经验研究》，罗仲伟译，经济科学出版社 2003 年版。

［5］［美］埃里克·弗鲁博顿、［德］鲁道夫·瑞切特：《新制度经济学：一个交易费用的分析范式》，吴水荣译，生活·读书·新知三联书店 2006 年版。

［6］［美］奥利弗·E. 威廉姆森、西德尼·G. 温特：《企业的性质——起源、演变和发展》，姚海鑫、邢源源译，商务印书馆 2007 年版。

［7］［美］波特：《竞争优势》，陈小悦译，华夏出版社 2005 年版。

［8］［美］戴维斯、诺思：《制度创新的理论：描述、类推与说明》，载《制度变迁与美国经济增长》，陈郁等译，生活·读书·新知三联书店 2006 年版。

［9］［美］科斯等：《财产权利与制度变迁——产权学派与新制度学派译文集》，陈昕译，生活·读书·新知三联书店 2005 年版。

［10］［美］科斯著：《企业、市场与法律》，盛洪、陈郁译，生活·读书·新知三联书店 1996 年版。

［11］［美］迈克尔·波特：《国家竞争优势》，李明轩、邱如美译，华夏出版社 2002 年版。

［12］［美］迈克尔·茨威尔：《创建基于能力的企业文化》，王申英等

译，华夏出版社 1999 年版。

[13] [美] 诺思：《对制度的理解》，载科斯等《制度、契约与组织》，刘刚等译，经济科学出版社 2003 年版。

[14] [美] 诺思：《经济史中的结构与变迁》，陈郁等译，生活·读书·新知三联书店 1994 年版。

[15] [美] 诺思：《制度、制度变迁与经济绩效》，杭行译，上海人民出版社 2008 年版。

[16] [美] 诺思等：《制度变革的经验研究》，罗仲伟译，经济科学出版社 2003 年版。

[17] [美] 威廉姆森：《企业的性质——起源、演变和发展》，姚海鑫等译，商务印书馆 2007 年版。

[18] [南] 斯韦托扎尔·平乔维奇：《产权经济学》，蒋琳持译，经济科学出版社 1999 年版。

[19] [日] 青木昌彦：《比较制度分析》，周黎安译，上海远东出版社 2001 年版。

[20] [日] 植草益：《日本的产业组织：理论与实践的前沿》，锁箭译，经济管理出版社 2000 年版。

[21] [英] 特伦斯·W. 哈奇森：《新旧制度主义经济学》，载菲吕博顿等编《新制度经济学》，孙经炜译，上海财经大学出版社 2007 年版。

[22] Aghion, P. and Howitt, P., "A Model of Growth Through Creative Destruction". *Econometrica*, Vol. 60, No. 2, 1992, pp. 323 – 351.

[23] Blomstrom, M., "Foreign Investment and Productivity Efficiency: The Case of Mexico". *Journal of Industrial Economics*, Vol. 35, Issue 1, 1986, pp. 97 – 110.

[24] Caves, R. E., "Multinational Firms Competition and Productivity in Host Country Markets". *Economica*, Vol. 41, Issue 162, 1974, pp. 176 – 93.

[25] Chamberlin Edward H, *The Theory of Monopolistic Competition*. Cambridge: Harvard University Press, 1933, pp. 305 – 311.

[26] Douglass North, "Institutional Change and Economic Growth". *The Journal of Economic History*, Vol. 31, No. 1, 1971, pp. 118 – 125.

[27] Globerman, S., "Foreign Direct Investment and Spillover Efficiency Benefits in Canadian Manufacturing Industries". *Canadian Journal of Economics*, Vol. 12, Issue 1, 1979, pp. 42 – 56.

[28] H. Singer, "The Distribution of Gains between Investing and Borrowing Countries", *American Economic Review*, Vol. 40, No. 2, 1950, pp. 473 –485.

[29] Mintzberg, H. et al., Strategy Safari, *A Guided Tour Through The Wilds of Strategic Management*. New York: The Free Press, 1998, p. 345.

[30] Penrose, E. T., *The Theory of the Growth of the Firm*. Oxford: Oxford University Press, 1995, pp. 99 – 110.

[31] Prahalad, C. K., Hamel, Gary, "The Core Competence of the Corporation". *Harvard Business Review*, Vol. 68, Issue 3, 1990, pp. 79 –91.

[32] Schultz, Theodore W., *Distortions of Agricultural Incentives*. Bloomington: Indiana University Press, 1978, p. 1114.

[33] Thráinn Eggertsson, "The Economics of Institutions: Avoiding the Open – Field Syndrome and the Perils of Path Dependence". *Acta Sociologica*, July 1993. 36, pp. 223 –237.

[34] А. П. Александров, Академик Иоффе и советская наука. *Успехи физических наук*, 1980. 9, pp. 1 – 10.

[35] А. С. Сонин, Черные дни Академик Иоффе. *Вестник РАН*, 1994. 5, pp. 448 –452.

[36] Б. Н. Малиновский, *Академик Борис Патон Труд на Всю Жизнь*. Москва: ПЕР СЭ, 2002, p. 39.

[37] Д. А. Усанов, Школа Иоффе как пример единсва науки образования и производства, *Технология и конструкирование в электронной аппаратуре*, 2007. 1, pp. 59 –62.

[38] И. К. Походня, Борис Евгеньевич Патон. Институт Электросварки им. Е. О. Патона НАН Украины, 2011 – 5 – 4, http: //www. nbuv. gov. ua/people/paton_ rus_ 90. pdf.

[39] Караван + Я, Борис Евгеньевич Патон. К 90 – летию Великого Ученого, 2011 – 5 – 9, http: //www. etver. ru/lenta/index. php? newsid =38996.

［40］ Л. А. Арцимович, Воспоминания об Иоффе, *Наука*, 1990.8, pp. 23 – 26.

［41］安玉兴、田华、耿乃国：《产权制度改革与振兴装备制造业》，《中国科技论坛》2007 年第 6 期。

［42］安玉兴等：《产权制度改革与振兴装备制造业》，《中国科技论坛》2007 年第 6 期。

［43］《财政部国家税务总局关于豁免东北老工业基地企业历史欠税有关问题的通知》，财税〔2006〕167 号，2006 年 12 月 6 日。

［44］《财政部税务总局关于落实振兴东北老工业基地企业所得税优惠政策的通知》，财税〔2004〕153 号，2004 年 9 月 20 日。

［45］蔡昉：《中国农村改革三十年》，《中国社会科学》2008 年第 6 期。

［46］常丽：《辽宁装备制造业"先进性"建设是关键》，《辽宁日报》2009 年 4 月 21 日第 6 版。

［47］陈爱贞、刘志彪：《决定我国装备制造业在全球价值链中地位的因素——基于各细分行业投入产出实证分析》，《国际贸易问题》2011 年第 4 期。

［48］陈劲、王毅、许庆瑞：《国外核心能力研究述评》，《科研管理》1999 年第 5 期。

［49］陈玉罡、李善民：《并购中主并公司的可预测性》，《经济研究》2007 年第 4 期。

［50］陈郁编著：《企业制度与市场组织——交易费用经济学文选》，生活·读书·新知三联书店 1996 年版。

［51］陈政高：《在全省经济运行情况通报电视电话会议上的讲话》，《辽宁日报》2009 年 6 月 5 日第 1 版。

［52］褚超美、钱向阳：《世界汽车产业"整零"关系模式的形成及特点分析》，《上海汽车》2008 年第 7 期。

［53］崔仑：《辽宁中部城市群发挥装备制造产业集群效应提升产业和区域经济竞争力研究》，鞍山政协网，2009 – 8 – 10，http：//www. aszx. gov. cn/Article/ShowArticle. asp？ArticleID = 100。

［54］单东：《浙江中小民营企业转型升级问题研究》，《经济社会体制比较》2014 年第 2 期。

［55］杜兵、李小宇、毛辉：《乌克兰巴顿电焊研究所在焊接工艺及相关

领域的新成果》，《焊接》2007 年第 10 期。

[56] 杜珊：《金融危机冲击下我国企业并购融资路径新探》，《现代财经》2009 年第 10 期。

[57] 杜云月、蔡香梅：《企业核心竞争力研究综述》，《经济纵横》2002 年第 3 期。

[58] 樊纲：《论竞争力——关于科技进步与经济效益关系的思考》，《管理世界》1998 年第 3 期。

[59] 干春晖、李素荣：《国际汽车整车与零部件厂商协作关系及我国汽车业发展战略》，《中国工业经济》2001 年第 12 期。

[60] 龚晓允：《制度效率与经济效率比较分析》，《延安大学学报》2005 年第 2 期。

[61] 谷任、邝国良：《产业集群、金融发展与产业竞争力》，《中国软科学》2007 年第 6 期。

[62] 郭熙保、胡汉昌：《论制度后发优势的实现机制》，《上海行政学院学报》2005 年第 1 期。

[63] 郭晓丹等：《战略性新兴产业的政府补贴、额外行为与研发活动变动》，《宏观经济研究》2011 年第 11 期。

[64] 国务院：《装备制造业调整和振兴规划》2009 年 5 月 12 日。

[65] 韩伯棠、连浩、王奋：《人力资源国际流动的制度分析与路径依赖研究》，《中国科技论坛》2003 年第 6 期。

[66] 韩晶：《基于模块化的中国装备制造业自主创新的制约与突破》，《科学学与科学技术管理》2009 年第 12 期。

[67] 何德旭、郑联盛：《金融危机：演进、冲击与政府应对》，《世界经济》2009 年第 9 期。

[68] 何洁：《外商直接投资对中国工业部门外溢效应的进一步精确量化》，《世界经济研究》2000 年第 12 期。

[69] 侯汉坡：《基于技术并购的企业持续技术创新体系及实施方式研究》，《中国科技论坛》2009 年第 6 期。

[70] 胡登峰、王丽萍：《论我国新能源汽车产业创新体系建设》，《软科学》2010 年第 2 期。

[71] 胡曙光、陈启杰：《制度效率与交易制度比较研究》，《财经研究》2002 年第 10 期。

[72] 花蕾：《振兴辽宁装备制造业中的政府管理创新》，《社会科学辑刊》2008 年第 3 期。

[73] 霍春辉、刘力钢：《基于创新型产业集群的辽宁装备制造业竞争力提升战略》，《辽宁大学学报》2008 年第 2 期。

[74] 贾柱：《五年磨一剑创新模式成就北方重工盾构机崛起》，《中国工业报》2009 年 3 月 25 日第 5 版。

[75] 江积海：《后发企业知识传导与新产品开发的路径及其机制——比亚迪汽车公司的案例研究》，《科学学研究》2010 年第 4 期。

[76] 金碚：《企业竞争力测评的理论与方法》，《中国工业经济》2003 年第 3 期。

[77] 康小明、向勇：《产业集群与文化产业竞争力的提升》，《北京大学学报》2005 年第 2 期。

[78] 李怀、高磊：《产权福利安排、产权替代效率的理论比较和制度启示——基于马克思产权理论和新制度经济学产权理论》，《广东商学院学报》2009 年第 1 期。

[79] 李怀、邵慰：《高校科研人员激励制度的层级理论分析》，《中国科技论坛》2009 年第 7 期。

[80] 李怀、邵慰：《新制度经济学的研究方法解析》，《经济纵横》2009 年第 3 期。

[81] 李怀、王松：《古代中西方创新制度比较研究》，《天津行政学院学报》2008 年第 3 期。

[82] 李怀、吴练达：《制度、自由与创新的内在机理——基于经济学的视角》，《财经问题研究》2007 年第 12 期。

[83] 李怀：《"东北现象"：问题的实质与根源》，《管理世界》2000 年第 4 期。

[84] 李怀：《从创造与创新的理论分野谈起》，《光明日报》2000 年 8 月 11 日第 6 版。

[85] 李怀：《制度生命周期与制度效率递减——一个从制度经济学文献中读出来的故事》，《管理世界》1999 年第 3 期。

[86] 李凯、李世杰：《装备制造业集群耦合结构：一个产业集群研究的新视角》，《中国工业经济》2005 年第 2 期。

[87] 李凯、李世杰：《装备制造业集群网络结构研究与实证》，《管理世

界》2004 年第 12 期。

[88] 李志强：《制度配置状态：制度耦合、制度冲突与制度真空》，《经济师》2002 年第 4 期。

[89] 林国建：《企业文化与提升企业核心竞争力》，《理论探讨》2005 年第 5 期。

[90] 林毅夫：《关于制度变迁的经济学理论：诱致性变迁与强制性变迁》，载科斯等《财产权利与制度变迁——产权学派与新制度学派译文集》，陈昕译，生活·读书·新知三联书店 2005 年版。

[91] 刘春芝、聂颖：《辽宁装备制造业技术创新状况的统计分析》，《沈阳师范大学学报》2006 年第 4 期。

[92] 刘春芝：《集群式创新：提升辽宁装备制造业竞争力的路径探析》，《沈阳师范大学学报》2008 年第 6 期。

[93] 刘和旺：《诺思制度变迁的路径依赖理论新发展》，《经济评论》2006 年第 2 期。

[94] 刘世锦：《核心竞争力：企业重组中的一个概念》，《中国工业经济》1999 年第 2 期。

[95] 刘小铁、欧阳康：《产业竞争力研究综述》，《当代财经》2003 年第 11 期。

[96] 刘秀玲：《跨国技术并购与辽宁省装备制造业竞争力提升》，《沈阳工业大学学报》2009 年第 1 期。

[97] 刘秀玲：《以跨国技术并购提升辽宁装备制造业竞争力》，《经济问题探索》2007 年第 8 期。

[98] 刘岩：《辽宁装备制造业自主创新战略的理论分析》，《财经问题研究》2008 年第 2 期。

[99] 刘志迎、王砚：《美国汽车产业"整零"关系演变及对中国启示》，《上海汽车》2009 年第 8 期。

[100] 刘钻石：《世界经济失衡的今昔对比研究》，《世界经济情况》2008 年第 2 期。

[101] 娄成武、刘丹：《技术哲学视角下的辽宁装备制造业技术政策研究》，《高科技与产业化》2004 年第 6 期。

[102] 卢现祥：《新制度经济学》，武汉大学出版社 2004 年版。

[103] 吕朋、巩顺龙：《我国汽车产业技术创新可行模式探析》，《经济纵

横》2009 年第 9 期。

[104] 罗仲伟、冯健：《企业网络创新中的知识共享机制——丰田汽车的案例》，《经济管理》2007 年第 6 期。

[105] 牟仁艳、胡树华：《美国国家汽车创新工程研究》，《汽车工业研究》2006 年第 11 期。

[106] 牟绍波等：《开放式创新视角下装备制造业创新升级研究》，《经济体制改革》2013 年第 1 期。

[107] 诺思访谈：《诺思的"制度富国论"》，《21 世纪经济报道》2002 年 4 月 8 日第 7 版。

[108] 裴长洪、彭磊、郑文：《转变外贸发展方式的经验与理论分析——中国应对国际金融危机冲击的一种总结》，《中国社会科学》2010 年第 1 期。

[109] 裴长洪：《利用外资与产业竞争力》，社会科学文献出版社 1998 年版。

[110] 钱方明、陈娟：《浙江加工制造业结构转型实证研究》，《科研管理》2009 年第 5 期。

[111] 秦嗣毅：《产业集群、产业融合与国家竞争力》，《求是学刊》2008 年第 9 期。

[112] 邱林：《中国制造存在被人替代的后顾之忧》，2009 年 8 月 13 日，http：//guancha. gmw. cn/show. aspx？id＝5601。

[113] 任净、车贵堂：《提升辽宁装备制造业核心竞争力的思考》，《大连民族学院学报》2006 年第 4 期。

[114] 邵慰、李怀：《中国汽车工业企业自主创新机制研究》，《财经问题研究》2013 年第 4 期。

[115] 邵慰、李杰义：《我国先进装备制造业海外并购与技术进步实证研究》，《科技进步与对策》2012 年第 15 期。

[116] 邵慰、陶晓丽：《基于知识管理提高中国装备制造业竞争力研究》，《管理观察》2009 年第 2 期。

[117] 邵慰、陶晓丽：《基于制度创新提高辽宁装备制造业的竞争力研究中》，《中国科技论坛》2009 年第 6 期。

[118] 邵慰、陶晓丽：《金融危机对辽宁装备制造业出口的双重影响分析》，《对外经贸实务》2009 年第 3 期。

［119］邵慰、王焕杰:《美国次贷危机背景下中国制造业的 SWOT 分析》，
《特区经济》2009 年第 2 期。

［120］邵慰:《巴顿与乌克兰科学发展》，《自然辩证法研究》2011 年第
10 期。

［121］邵慰:《物理学家越费与前苏联装备制造业》，《自然辩证法研究》
2012 年第 12 期。

［122］邵慰:《浙江加工制造业与装备制造业协同发展的耦合机制研究》，
《华东经济管理》2012 年第 4 期。

［123］邵慰:《中国装备制造业竞争力分行业测度研究——来自 2003—
2011 年面板数据的证据》，《经济学家》2015 年第 1 期。

［124］邵慰:《中国装备制造业竞争力提升策略研究》，《中国科技论坛》
2012 年第 2 期。

［125］施振荣:《再造宏基》，天下文化出版股份有限公司 1996 年版。

［126］孙萍、刘丹:《以科学发展观推动辽宁装备制造业发展》，《科技管
理研究》2004 年第 6 期。

［127］孙圣民:《制度变迁理论的比较与综合》，《中南财经政法大学学
报》2006 年第 3 期。

［128］孙晓华、原毅军:《业主风险厌恶、自主创新的市场失灵与第三方
介入——以中国重大装备制造业为例》，《研究与发展管理》2008
年第 12 期。

［129］孙早等:《后危机时代的大国产业战略与新兴战略产业的发展》，
《经济学家》2010 年第 9 期。

［130］唐成选:《辽宁装备制造业实现由量变到质变飞跃》，《辽宁日报》
2007 年 12 月 29 日。

［131］唐晓华、李绍东:《中国装备制造业与经济增长实证研究》，《中国
工业经济》2010 年第 11 期。

［132］田伯平:《美国次贷危机与全球经济新挑战》，《世界经济与政治论
坛》2008 年第 6 期。

［133］王秉安:《企业核心竞争力理论应用的探讨》，《福建行政学院、福
建经济管理干部学院学报》2000 年第 2 期。

［134］王道平、范小云:《现行国际货币体系是否是全球经济失衡和金融
危机的原因》，《世界经济》2011 年第 1 期。

［135］王道平、何海燕：《企业实施知识管理的对策研究》，《科学管理研究》2003 年第 8 期。

［136］王福君：《装备制造业内部结构升级的测度指标体系研究——兼评辽宁装备制造业内部结构升级程度》，《财经问题研究》2008 年第 10 期。

［137］王家斌、邵慰：《知识密集型企业的知识管理模式研究》，《商业研究》2008 年第 11 期。

［138］王青、刘美泽：《辽宁装备制造业与国内同行业竞争力比较研究》，《社会科学辑刊》2008 年第 4 期。

［139］王清剑、李金华：《中国制造业国际竞争力与政策支撑研究》，《财经论丛》2013 年第 9 期。

［140］王守武：《纪念：А. Ф. 约飞院士》，《物理学报》1961 年第 6 期。

［141］王小映：《马克思主义与新制度经济学制度变迁理论的比较》，《中国农村观察》2001 年第 4 期。

［142］王星琪：《振兴装备制造业的若干建议》，《决策咨询通讯》2003 年第 5 期。

［143］王延惠：《制度功能、演化与有效制度标准：市场过程理论的理解》，《制度经济学研究》2005 年第 12 期。

［144］王仲辉、党晓磊：《制定跨国并购战略应注意的问题》，《经济纵横》2008 年第 3 期。

［145］向平、孔杰：《中国企业跨国并购式海外市场进入模式现状分析与风险管理》，《经济管理》2008 年第 2 期。

［146］谢作诗、李善杰：《中国经济的增长结构：原因及含义——兼论经济的增长性质及金融危机之下的增长前景》，《社会科学战线》2010 年第 11 期。

［147］谢作诗、邵慰：《局限转变、结构调整与中国增长前景》，《经济与管理研究》2012 年第 7 期。

［148］徐斌：《辽宁省装备制造业竞争力评价与提升战略》，《辽东学院学报》2008 年第 1 期。

［149］徐华：《三次产业协同发展机制及其产业政策》，《中国经济问题》2010 年第 6 期。

［150］徐建平、夏国平：《我国装备制造业的国际比较及对策研究》，《中

国机械工程》2008 年第 10 期。

[151] 徐阳华：《企业核心竞争力研究综述与前瞻》，《华东经济管理》2005 年第 11 期。

[152] 徐竹青：《浙江加工制造业升级转向与制约因素分析》，《浙江学刊》2010 年第 2 期。

[153] 阳立高、刘建江、杨沿平：《基于开征研发税的国家新能源汽车自主创新工程》，《科学管理研究》2010 年第 8 期。

[154] 杨瑞龙、冯健：《企业间网络的存在性：一个比较制度分析框架》，《江苏行政学院学报》2006 年第 1 期。

[155] 杨沿平、唐杰、周俊：《我国汽车产业自主创新现状、问题及对策研究》，《中国软科学》2006 年第 3 期。

[156] 杨砚峰、李宇：《技术创新的企业规模效应与规模结构研究——以辽宁装备制造业为例》，《中国软科学》2009 年第 2 期。

[157] 姚晓芳等：《基于主成分分析的合肥市装备制造业竞争力评价和对策研究》，《中国科技论坛》2010 年第 9 期。

[158] 姚洋：《中国工业企业技术效率分析》，《经济研究》2001 年第 10 期。

[159] 于开乐、王铁民：《基于并购的开放式创新对企业自主创新的影响》，《管理世界》2008 年第 4 期。

[160] 余祖德、陈俊芳：《企业竞争力来源的理论综述及评述》，《科技管理研究》2009 年第 6 期。

[161] 原毅军、耿殿贺：《中国装备制造业技术研发效率的实证研究》，《科技与经济》2010 年第 3 期。

[162] 袁健红、张亮：《基于破坏性创新视角的中国新能源汽车产业发展路径研究》，《中国科技论坛》2010 年第 8 期。

[163] 袁庆明：《新制度经济学》，中国发展出版社 2005 年版。

[164] 袁庆明：《制度效率的决定与制度效率递减》，《湖南大学学报》2003 年第 1 期。

[165] 岳玉珠、张彦彬：《中卫型集群结构的运行绩效及对辽宁装备制造业的启示》，《辽宁大学学报》2006 年第 5 期。

[166] 曾业辉：《华晨危局》，《中国经济时报》2009 年 6 月 10 日第 8 版。

[167] 张保胜：《基于微观技术制度的技术创新问题分析》，《产业与科技论坛》1996 年第 12 期。

[168] 张兰霞、王静、杨海君：《沈阳装备制造业外商直接投资技术溢出效应实证研究》，《东北大学学报》2008 年第 6 期。

[169] 张米尔、田丹：《制度变迁背景下东北装备制造业集群的演进——以瓦房店轴承产业集群为例》，《公共管理学报》2007 年第 10 期。

[170] 张明：《美国次贷危机的根源、演进及前景》，《世界经济与政治》2008 年第 12 期。

[171] 赵波、冉宏伟：《马克思制度经济学与新制度经济学之比较》，《河北经贸大学学报》2005 年第 1 期。

[172] 赵树宽、赵鹏飞：《中国汽车业技术供应链技术效率评价研究》，《中国软科学》2010 年第 10 期。

[173] 赵英：《中国汽车工业的发展趋势及对策》，《中国工业经济》2003 年第 4 期。

[174] 赵忠华、邵武杰：《辽宁省装备制造业发展中的技术追赶效应分析》，《科学管理研究》2007 年第 6 期。

[175] 浙江省统计局：《2010 年浙江省装备制造业发展报告》，http：//www. zj. stats. gov. cn/art/2011/3/16/art_ 281_ 44687. html，2011 年 9 月 19 日。

[176] 《中共中央国务院关于实施东北地区等老工业基地振兴战略的若干意见》，中发〔2003〕11 号，2003 年 10 月 5 日。

[177] 《中华人民共和国国民经济和社会发展第十一个五年规划纲要》，第十届全国人民代表大会第四次会议批准，2006 年 3 月 14 日。

[178] 周叔莲、裴叔平：《试论新兴产业和传统产业的关系》，《经济研究》1984 年第 5 期。

[179] 朱春奎：《国外竞争力理论研究综述》，《生产力研究》2004 年第 1 期。

[180] 朱礼龙、周德群：《自主创新：中国汽车产业的崛起之路——以安徽汽车产业自主创新发展为例》，《企业经济》2006 年第 3 期。

[181] 左建军：《浅谈企业核心竞争力》，《长江论坛》2000 年第 5 期。